A sociedade da cor

Brasil, país da igualdade racial?

Luiz Mauricio Azevedo

A SOCIEDADE DA COR

Brasil, país da igualdade racial?

cultura

ISBN: 978-65-5748-037-3

EDITORA DE CULTURA
Rua Baceúnas, 180
CEP 03127-060 – São Paulo – SP – Brasil
Fone: 55 (11) 2894-5100
atendimento@editoradecultura.com.br
www.editoradecultura.com.br

Primeira edição: novembro de 2022
Impressão: 5ª 4ª 3ª 2ª 1ª
Ano: 26 25 24 23 22

CIP-BRASIL. CATALOGAÇÃO NA PUBLICAÇÃO
SINDICATO NACIONAL DOS EDITORES DE LIVROS, RJ
Meri Gleice Rodrigues de Souza – Bibliotecária – CRB-7/6439

A987s

Azevedo, Luiz Mauricio, 1980-

A sociedade da cor : Brasil, o país da igualdade racial? / Luiz Mauricio Azevedo. - 1. ed. - São Paulo : Editora de Cultura, 2022.

112 p. ; 18 cm. (Inquietações contemporâneas)

ISBN 9786557480373

1. Azevedo, Luiz Mauricio, 1980-. 2. Negros - Condições sociais - Brasil. 3. Negros - Biografia - Brasil . 4. Brasil - Relações raciais - Brasil. I. Título. II. Série.

CDD: 305.896081

22-80734 CDU: 316.347(81)

Sumário

Para Maria Afonso,
fonte do meu sangue

Emancipem-se da escravidão mental
Ninguém além de nós mesmos
pode libertar nossas mentes.
Não tenham medo da energia dos átomos,
porque ninguém pode parar o tempo

Bob Marley
Redemption song

Primeiras palavras

Se ser negro fosse um trabalho, o anúncio para contratação de novos funcionários para essa função seria assim:

PROCURAM-SE INDIVÍDUOS PARA O CARGO DE NEGRO/NEGRA NO BRASIL.

São habilidades necessárias:

Sobreviver ao controle dos aparatos de vigilância e coerção (seguranças de loja, policiais militares, policiais civis, juízes, promotores públicos ou *influencers* digitais ou familiares tóxicos);

Assegurar o bem-estar físico, a estabilidade econômica e o conforto emocional das pessoas brancas.

Habilidade para se fingir de ignorante é desejável!

Neste livro, vou tentar mostrar como cada uma dessas habilidades influencia a vida das pessoas negras, mutilando nosso caráter e produzindo graves prejuízos sociais à nação. É tarefa de brancos e negros resolver esse problema. Contudo, quando lembro do ativista afro-americano Malcom X (1925-1965) perguntando: "Quem lhe ensinou a odiar a textura do seu cabelo? Quem lhe ensinou a odiar o formato do seu nariz? Quem lhe ensinou a odiar o formato dos seus lábios? Quem lhe ensinou a odiar a raça à qual você pertence?", minha suspeita é de que o enfrentamento político é o único caminho para escaparmos dos riscos da sedutora lógica do *nós x eles* (que resulta sempre em nós nas mesas do IML – como ocorreu com o afro-americano Malcolm X, calado por um assassino, em 21 de fevereiro de 1965 – e em eles redigindo moções de repúdio ao racismo estrutural).

Há um mito no Brasil que ameaça a vida negra: o de que somos uma democracia racial, uma terra sem conflitos de cunho étnico. Seria ótimo se isso fosse verdade, só que não é. O exame detalhado do que realmente somos pode nos fornecer o acesso ao país que queremos. A igualdade entre negros e brancos é como qualquer coisa a conquistar neste mundo: só pode ser alcançada mediante muito esforço.

Essa é uma tentativa de vencer mais um *round* dessa luta, de engajar os desengajados, de combater o bom combate. Por isso, pouco importa aqui se você é negro ou branco. O que interessa para mim é se você está do lado do racismo ou contra ele. Se estiver contra ele, independentemente do nível de melanina que a loteria genética tenha lhe dado, você é meu aliado. Se estiver a favor, recomendo enfaticamente que leia as próximas páginas.

1

Como nascem as flores negras

Uma das coisas mais importantes nas famílias negras é ensinar às crianças como se comportar diante de uma autoridade, seja ela oficial ou não. Os mandamentos de nossa vida **preta** ▶ são extensos, minuciosos, patéticos até, como se vê a seguir:

Não se movimente de forma abrupta. Não faça contato visual com policiais. Não responda as perguntas de forma irônica. Não presuma que o direito dos outros é também um direito seu. Não corra. Não guarde objetos seus em sua mochila enquanto estiver dentro de uma loja de departamentos. Não entre em uma loja de sapatos se você estiver usando o seu tênis pela primeira vez. Não use boné. Não use bermudas. Não faça considerações sobre o fato de seu primo estar sempre vestido com roupas oito vezes mais caras que o limite de seu cartão de crédito. Não pergunte ao Zé dos Cabos por que ele pode oferecer a você 712 canais por apenas 30 reais.

Não manifeste contrariedade pública a episódios de violência policial. Não manifeste contrariedade pública quanto às ações do tráfico em sua comunidade. Não critique publicamente influenciadores digitais negros, porque sua função de negro é ajudar outro negro a abandonar a condição de negro, ainda que isso custe a vida de vocês dois. Não critique publicamente influenciadores digitais brancos, porque você não tem advogados.

PRETO OU NEGRO?

A escritora Conceição Evaristo disse ao jornal *Estado de Minas*, por ocasião do Dia da Consciência Negra de 2020, que usa com mais frequência o termo "negro", mas, influenciada pelas novas gerações, passou a adotar também a palavra "preto". Na reportagem especial, assinada pelos jornalistas Humberto Martins e Márcia Maria Cruz, o antropólogo Lívio Sansone, da Universidade Federal da Bahia (UFBA), confirma, baseado em seus estudos, que houve uma transformação geracional no vocabulário, desde a década de 1970, quando o movimento negro brasileiro veio criando autoestima na população negra. "Uma geração mais velha, anterior ao Movimento Negro Unificado (MNU), tende a não se reconhecer negra, mas preta e a usar outras nomenclaturas possíveis para designar pessoas não brancas no Brasil. Já a geração mais jovem, que teve acesso à mobilização do movimento negro, tende a se declarar negra". Para a

escritora, a semântica de positividade substituiu o sentido pejorativo em que sempre era usada a palavra "negro", fato que ela atribui à ação da literatura, enquanto outros destacam também a ação da música popular de autores como Jorge Ben Jor, Gilberto Gil, Leci Brandão, Rappin Hood entre outros – e passando, claro, pela influência dos movimentos em defesa dos direitos civis nos Estados Unidos, que fez surgir os Panteras Negras e difundiu o lema *black is beautiful* (negro é lindo).

Fonte: *Estado de Minas*, disponível em: https://www.em.com.br/app/noticia/gerais/2020/11/20/interna_gerais,1208016/negro-ou-preto-liderancas-negras-refletem-sobre-o-uso-dos-termos-ao-l.shtml (Nota dos editores)

Bem, a lista é quase infinita, mas, como sou uma pessoa bacana, pouparei você de seguir por essa estrada. Vou resumir, porque seu tempo é valioso: a vida dos negros está sempre sob controle de forças que se apresentam como donas de seu corpo e de sua mente.

Para garantir o sucesso dessas intenções, o Brasil criou um forte arcabouço jurídico-social, que teve começo em um episódio fundamental de nossa história: a escravidão. Conforme nos lembra o jornalista Laurentino Gomes no primeiro volume de sua trilogia *Escravidão* (pág. 25): "No mundo inteiro, desde a mais remota Antiguidade, da Babilônia ao Império Romano, da China Imperial ao Egito dos

Faraós, das conquistas do Islã na Idade Média aos povos pré-colombianos da América, milhões de seres humanos foram comprados e vendidos como escravos. Provinham de todas as regiões, raças e linhagens étnicas, incluindo eslavos (designação que originou a palavra 'escravo') de olhos azuis das regiões do Mar Báltico. A descoberta e a ocupação de um novo continente pelos europeus na virada do século XV para o XVI, porém, adicionaria ingredientes inteiramente novos a essa história".

No Brasil, a escravidão foi o motor econômico da sociedade. Nada que exista por aqui foi levantado sem a força do trabalho negro não remunerado. O processo de chegada das quase oito dezenas de etnias que hoje compõem nosso diversificado caldeirão cultural só foi possível porque, antes delas, o espírito negro forjou o país para onde essas pessoas migraram em busca de um lar. Se houve um país, ele foi modelado pelo negro sobre solo indígena. Reconhecer isso é fundamental para avançar em nosso processo de construção de um país mais justo. Todavia, não basta apenas realizar um mea-culpa emocional. É preciso ir além. É preciso compreender as lições dadas pela nossa história, para que possamos anular seus efeitos.

É ainda Laurentino Gomes quem informa. Desta vez, no volume 2 de *Escravidão* (pág. 20): "A escravidão começou para fornecer mão de obra ao corte de pau-brasil e à indústria do açúcar no Nordeste, as duas primeiras atividades relevantes do Brasil Colônia, mas rapidamente se propagou por todos os segmentos da sociedade e da economia. O impulso decisivo foi dado pela descoberta de pedras e minerais preciosos, primeiro em Minas Gerais, depois em Goiás e Mato Grosso. Expedições capitaneadas pelos bandeirantes paulistas, inicialmente destinadas a escravizar os índios, foram redirecionadas à busca de novas riquezas no interior do território, forçando a expansão das fronteiras do Brasil rumo aos sertões do Centro-Oeste e da Amazônia. Pelos novos caminhos trilhados pelos colonizadores, seguiam invariavelmente as caravanas de negros escravizados. Todos os aspectos da vida colonial giravam em torno da escravidão. No final do século XVIII, a posse de pessoas era generalizada entre os brasileiros, incluindo inúmeros escravos ou negros libertos, que tinham seus próprios cativos".

Mais do que um elemento do sistema econômico, a escravidão se tornou um pilar da vida nacional. E seus impactos são sentidos ainda hoje. Desde a chegada do primeiro navio negreiro ao Brasil, no século XVI, o modelo de exploração do trabalho alheio sem remuneração tem definido o modo como vivemos. Cada corpo negro livre é, para os racistas, a incômoda lembrança de mercadoria perdida. Cada corpo branco é, para a comunidade negra, uma promessa de risco, rancor e medo.

Alguém disse, certa vez, que as pessoas não nascem racistas. Se não nascemos racistas, quem, afinal, nos tornou assim? A resposta a essa pergunta é uma só: a escravidão. Nós nos tornamos racistas porque foi a forma que encontramos de legitimar o processo de exploração de um povo. Nós não tínhamos uma opinião negativa dos escravizados. Mas passamos a ter, porque isso era fundamental para justificar a ação de quem os escravizava. O preconceito racial é uma narrativa construída para sustentar nosso sistema econômico. Aos poucos, essa narrativa foi ganhando cada vez mais espaço. E, como um câncer, destruiu nossas relações e nossa visão de mundo.

Estamos tão doentes socialmente que nem conseguimos enxergar uma saída. É como se a escravidão tivesse escravizado a todos nós. E nenhuma carta – nem de alforria, nem "carta de liberdade" ou qualquer outra – tem o poder de libertar aquele que não sabe que está preso. Cada episódio de injúria racial que presenciamos, cada relato de racismo de que temos notícia é, na verdade, um reflexo de nossa incapacidade de reconhecer que, como sociedade, somos herdeiros de séculos de práticas autoritárias que infectaram nossa socialização. Há uma conta à espera de quitação no Brasil: um povo trabalhou e produziu sem reconhecimento para outro povo, que ainda hoje se recusa a reconhecer a extensão de sua dívida. Isso produziu danos em nosso tecido social. O resultado é uma máquina de vigilância em relação aos corpos negros. Para as mulheres, as coisas são ainda piores. No imaginário nacional, a mulher negra ocupa um espaço ambíguo. Metade dos racistas compreende a mulher negra como uma espécie de feiticeira detentora de deletérios poderes mágicos. A outra metade usa um termo pejorativo, **mulata** 🔗▼, criado para animalizar a mulher negra, vista como uma sacerdotisa do mal.

> 🔗 MULATA
>
> **Durante muito tempo foi usual que as mulheres negras de pele clara fossem chamadas de mulatas. A palavra vem de *mulus*, animal resultante do cruzamento entre duas espécies distintas: cavalos e jumentos. Por essa razão, há um consenso entre militantes do movimento negro de que esse é um termo ofensivo. Há, entretanto, outras manifestações em direção contrária. O autor Sérgio Rodrigues alega, por exemplo, que apesar de esse termo ter sido usado de forma pejorativa, as**

palavras não devem ser reféns de sua etimologia Os termos ganham diferentes sentidos ao longo dos anos, porque a língua é um organismo vivo, em constante transformação. O músico Caetano Veloso, por exemplo, defende o uso do termo: "Eu sou pardo. Mas a primeira palavra que aparece no meu disco sobre isso é 'mulato'. Até dediquei essa música ao Jorge Mautner, eterno defensor da miscigenação brasileiro. Ela virou um mito de beleza brasileira, que atrapalha certas coisas, certas estatísticas que precisam ser enfrentadas e atos do cotidiano. Tem muita gente que decide modificar a terminologia, o que pode ou não usar. (...) Não vejo qual o problema de mulato, meu pai era mulato, a pessoa que eu mais adorava e respeitava." É muito importante ressaltar, contudo, que a Organização das Nações Unidas, com sede em Nova York, criou um guia, no qual a palavra consta como um termo a ser evitado.

Fontes: http://www.onumulheres.org.br/wp-content/uploads/2013/12/Guia-de-enfrentamento-ao-racismo-institucional.pdf; https://veja.brasil.com.br/coluna/sobre-palavras/8216-mulata-8217-veio-de-8216-mula-8217-isso-torna-a-palavra-racista; https://www.correiobraziliense.com.br/politica/2021/12/4972448-caetano-defende-uso-do-termo-mulato-nao-sou-obrigado-a-concordar-com-tudo.html (Nota do autor)

Tudo isso faz da mulher negra, ao longo dos séculos no Brasil, a mais abandonada, a mais ridicularizada e a mais desprezada. Na pirâmide social brasileira, segundo registrou o IBGE, de novembro de 2019, a hora do trabalhador negro vale 59% da remuneração do branco, enquanto a da mulher vale

68%. Portanto, o espaço reservado às pessoas negras do sexo biológico feminino é o espaço do vilipêndio e do escárnio. E, ainda assim, é delas a difícil tarefa de comandar a maioria das famílias negras. Famílias nas quais não é incomum que, pelas imposições materiais, apenas um dos filhos tenha condições de se desenvolver intelectualmente.

Essa história é bem conhecida: através de bolsas de estudo e incentivos, os pais identificam certas habilidades presentes em um filho, e não nos outros, passando a investir nele como em um negócio promissor. À medida que o investimento vai dando retorno, aumentam as vontades de expandir o investimento. O resultado é que, na maioria das vezes, os demais irmãos chegam à fase adulta rancorosos devido às oportunidades que não tiveram. E aquele que teve essas oportunidades, se ressente de que seus irmãos nunca tiveram que enfrentar as pressões oriundas das demandas impostas pelos programas de bolsas e pela rotina de estudo. Mas também, e especialmente, pela dor que é transitar em lugares onde o negro não apenas é uma minoria, como também um intruso indesejado.

Poucos lugares são mais virulentos do que aqueles onde a branquitude se sentia protegida até a chegada do indivíduo negro. E poucas reações são mais duras que as de alguém que sente estar ameaçado em seus privilégios. E frequentemente os portadores de algum privilégio enxergam como direitos os privilégios que lhe são dados. Os negros são minoria nos espaços que importam e maioria nos lugares que os brancos não desejam ocupar. Durante meus anos de colégio – e foram muitos –, meus colegas tinham uma brincadeira: "Tu veio pelado para a aula outra vez, Luiz?" Sempre que eu me vestia de preto, eles alegavam que "alguém preto de preto está pelado". Evidentemente, eles nunca tiveram que passar por brincadeira semelhante no *réveillon* quando todos, imagino, se vestiam de branco.

É estranho, mas sempre achei que as coisas ruins que me diziam na escola não tinham relação com o fato de eu ser negro, e sim com uma acurada visão que os outros tinham de mim. Eu era o culpado de não ser bom a ponto de não poderem me reconhecer como bom. Com certa inclinação para o **complexo de Messias** 🔗▶, eu incorporava, com amor igual ao das vítimas da **síndrome de Estocolmo** 🔗▶ , tudo o que diziam de ruim sobre mim. Aos poucos, fui gostando mais de ofensas que de elogios, porque as ofensas, eu pensava, eram o esforço dos outros para que eu melhorasse. Os elogios viriam com o tempo. Não vieram.

COMPLEXO DE MESSIAS & SÍNDROME DE ESTOCOLMO

Salvador ou agressor? Com essa dicotomia, o autor chega ao Complexo de Messias e à Síndrome de Estocolmo, dois estados psicológicos que vêm sendo estudados na contemporaneidade. No primeiro caso, trata-se de autênticos "salvadores da pátria", pessoas que se sentem enviadas ou escolhidas para cumprir missões em favor da sociedade ou de uma coletividade. Importante ressaltar que, segundo a doutora Raquel Baldo, especialista ouvida sobre o assunto pelo canal *Minha Vida*, o Complexo de Messias "não é causado pela religiosidade ou por uma religião", embora as missões em causa carreguem forte característica religiosa.

No que diz respeito à Síndrome de Estocolmo, tratou-se inicialmente de designar vítimas de sequestro que passavam a se identificar com os agressores, considerando a intervenção de seus salvadores como ameaça e perigo. Posteriormente, novas pesquisas encontraram traços dessa síndrome em algumas vítimas de abuso sexual, tráfico humano, opressão política e também religiosa.

Fontes: Canal *Minha Vida*, seção Bem-Estar (artigo sobre Complexo de Messias, disponível em: https://www.minhavida.com.br/materias/materia-12534) & Síndrome de Estocolmo, em Wikipedia (Disponível em: https://pt.wikipedia.org/wiki/S%C3%ADndrome_de_Estocolmo). Acessos em 26 set 2022. (Nota dos editores)

Quando eu tinha 9 anos, minha tia, que era funcionária pública e dispunha de certos meios, me inscreveu em uma escola de natação. Compareci a exatas quatro aulas. E me lembro de cada uma. A academia era enorme. Muito bonita. E eu me lembro do cheiro de cloro e da gentil moça da recepção sorrindo para mim na entrada. Na minha primeira vez lá, para fazer os exames de admissão, a médica encarregada me perguntou onde estava minha mãe. Disse que eu tinha ido sozinho. Eram seis da tarde. Ela elogiou minha independência, fez o exame de forma delicada e falou longamente sobre os benefícios da natação. Tinha os olhos azuis e muitas pintas, que combinavam com o cabelo ruivo.

No primeiro dia de natação, atravessei a cidade de sunga e boias nos braços. Entrei na academia sob o olhar um tanto constrangido do porteiro, mas fui novamente bem recebido pela recepcionista que sorria. Segui para o vestiário. Todas as crianças já estavam no meio do banho preparatório. Não sabia que eu tinha que levar *shampoo.* Lá em casa, os meninos só usavam xampu – Denorex era a marca – uma vez por semana, porque era "um produto muito forte", segundo o que minha mãe dizia. No restante dos dias, a gente lavava a cabeça com sabão de glicerina mesmo. Mesmo sem *shampoo*, tomei banho com as duas boias de braço. As mães banhavam seus filhos, mas eu era minha própria mãe ali. Quando terminei, guardei minhas coisas em um dos armários. Ah, minhas coisas, a saber: um pedaço de sabão de glicerina e uma toalha azul celeste com muitas manchas de Qboa.

Durante a aula, o professor estranhou minha presença. Perguntou meu nome e o que eu tinha ido fazer ali. Respondi que tinha vindo pra aprender. Ele respondeu: "Vamos ver se tu vai conseguir, né?" Quando retornamos, as mães banharam novamente seus filhos. Lavaram os cabelos deles. Perguntavam sobre os exercícios da aula. Prometiam refeições elaboradas. Falavam entre si, com vozes limpas e calmas. Parecia outro idioma. Na minha casa, falávamos o idioma das ordens: "Lave as orelhas"; "Limpe bem essa bunda suja"; "Isso daí é cascão... tem que esfregar pra sair". "Tu não me sai desse banho sujo que eu vou te dar uma surra até sair sangue das pernas". "É pra comer o que tá na mesa". Estranhei.

Na saída, vi que todos entraram em seus carros. Retornei a pé, pelo mesmo caminho da vinda. De sunga e boias. Nadar era bom, mas encarar as pessoas brancas duas vezes por semana não era.

Um dia, uma das mães me perguntou onde estava a minha mãe. Eu respondi: "Trabalhando". E ela fez uma cara de insatisfação. As outras crianças não conversavam comigo. E eu não conversava com elas. Na minha rua, era diferente. Todo mundo jogava bola com todo mundo. Quando deixei a natação, senti uma imensa alegria. Anos depois, comentando sobre o ocorrido com uma colega de faculdade da PUC de Porto Alegre, ela: "Negro é bom correndo... tu não vê esses africanos? Eles ganham tudo, mas nadando não conseguem.... Negro sabe é boiar... boiar vocês já nascem sabendo... tu sabe bem o motivo, né?"

Não respondi. Faz parte dos privilégios brancos falar qualquer coisa que venha à cabeça e não esperar punições. E faz parte da imensa lista de tarefas negras cuidar quando e onde iremos exercer nossos direitos de pessoa. Não podemos exercê-los a todo momento. Temos cota de humanidade. E ela é curta.

A nós, é dispensada uma rala porção de dignidade humana. E ela está sempre sob ameaça. Trata-se de um processo de desvalorização renitente, com muitos dispositivos que garantem seu pleno funcionamento. Na aviação, chamamos isso de mecanismos de redundância. Para um avião cair, é necessária uma falha numa série de comandos e decisões. Isoladamente, nada é capaz de derrubar um avião. Sua queda – sempre trágica e sempre triste – revela uma falência de decisões, de má-fé, imperícia, ou de "decisão Moira", isto é, das Moiras, as deusas da mitologia grega responsáveis por fabricar, tecer e cortar o fio da vida dos indivíduos.

Por falar em aviação, a primeira vez em que uma pessoa negra ingressa em uma aeronave é motivo de comemoração. As companhias aéreas não registram o recorte de seus passageiros por etnia, raça ou cor. Apesar disso, a julgar pela profusão de *selfies* e textos comemorativos ao lado de janelas que apresentam o pôr do sol ou *flaps* abertos, continua sendo uma conquista social importante os negros entrarem em um Boeing 767, em um Air Bus 321 ou mesmo em um Embraer 195 (modelo que eu francamente prefiro). Em parte, o alto valor das passagens responde pelas razões dessa defasagem entre voo e pessoas pretas. E toda vez que um avião cai, os pobres são bombardeados com informações sobre os motivos da queda, sofrem com a imagem de pessoas que desconhecem, mas lamentar a morte delas, a interrupção sonhos. Os pobres não são convidados a participar de voos bem-sucedidos.

É preciso lembrar também que, no passado, o imaginário da aviação era articulado com o do mais alto privilégio. Voar era luxo. E luxo não pode estar disponível para pretos e pardos. Por último, há os elementos óbvios do pré-voo. Fazer reservas com cartão de crédito, poder fazer o parcelamento dos bilhetes, grande problema para a classe média negra, porque a ideologia é que qualquer um pode ter celular, mas ir para Praga, não, embora o preço seja o mesmo para as duas coisas.) Há ainda os elementos complicadores, como os detectores de metal, os totens de autoatendimento, a observação das bagagens e as intermináveis horas de espera na boca dos *fingers*, assistindo ao espetáculo das pessoas com seus macbooks, suas camisetas estampando cartazes do cinema novo, sob *blazers* de veludo azul-petróleo, café expresso e pão de queijo ao custo de 3% do salário mínimo. O conjunto dessas forças parece para muitos de nós, negros, um convite direto para a rodoviária.

Tais mecanismos de controle não foram produzidos contra a comunidade negra, mas é nela que seus efeitos apresentam maior impacto. Lembro que uma vez, em São Paulo, dividi o táxi com a ex-namorada de um vizinho, que iria viajar para o Canadá. Mais tarde, a encontrei discutindo com funcionários de uma companhia área. Eles alegavam que ela não poderia viajar para Berlim, porque seu voo tinha uma escala em Toronto. Ela argumentou que isso não era problema dela, que a companhia tinha obrigação de garantir seu embarque, porque ela sempre quis conhecer o Canadá e teria comprado a passagem com essa escala justamente por isso. A funcionária lembrou que o Canadá exigia um visto específico para esse tipo de permanência. Ela contra-argumentou: não tinha pedido visto algum, porque seu destino final seria a Alemanha. Seus avós – ela garantiu – eram da região da Floresta Negra, a Schwarzwald.

Ela repetia isso com muita convicção, embora a informação fosse absolutamente irrelevante para todos ali. Depois de muitos gritos, outra funcionária apareceu e pediu desculpas pelo ocorrido. A moça foi realocada em um voo direto para Berlim, de outra empresa. Mais tarde, na sala de espera, ela me disse: "É uma obrigação da empresa área garantir a tranquilidade do passageiro em todo o período de viagem, incluindo essas questões de visto. Eu tenho avós alemães e aprendi desde cedo a exigir meus direitos. Os brasileiros são mais bovinos. É uma coisa que está no sangue. Na Argentina mesmo já é diferente, porque lá não tem muita mistura. Eles são europeus."

Contei essa história para cinco pessoas negras. As cinco me falaram que isso fazia parte do privilégio branco. Quando revelei a identidade da autora da frase, refizeram o diagnóstico. Pediram que eu contasse novamente o ocorrido. Explicaram para mim que possivelmente eu havia me equivocado no entendimento do problema. Por fim, decretaram: "Eu conheço a moça. Devia estar muito nervosa com tudo o que aconteceu. Ela não é disso. Certamente foi um mal-entendido".

O brasileiro enfrenta muita dificuldade para ultrapassar a fronteira daquilo que o advogado e professor Silvio Almeida chamou de *Racismo estrutural* no título de um de seus livros. Esse tipo de chaga está presente em todos os elementos de nossa sociedade. Ele não é um aspecto aleatório na vida social brasileira, mas um elemento fundador de nosso modo de viver. Historicamente, somos condicionados pelo modo de construção racialista. Hierarquizamos todos os aspectos de nossa vida social com base na cor. Para meus amigos negros, não era difícil admitir a existência do racismo; tampouco era difícil reconhecer que aquela pessoa em abstrato tinha produzido uma odiosa fala racista. Contudo, quando a situação se tornou concreta na figura da moça do táxi, ficou muito difícil sustentar a existência do racismo, porque fazer o diagnóstico não é um problema, nosso problema está em aplicar o remédio.

Sempre que necessário, procuramos deslocar nossa atenção para questões paralelas, de modo a evitar o enfrentamento do tema racial. É por isso que muitos de nós insistem na falácia de que o problema no Brasil é social, e não racial. Mas não devemos nos enganar: a mobilidade social do indivíduo, como fato isolado, não afeta o coração do sistema racista.

Às vezes, esse modo individualista de ver o mundo fornece à pessoa negra uma explicação confortável, fazendo de seu triunfo o resultado óbvio de um incomum esforço, a vitória inequívoca e brilhante de sua genialidade sobre as condições adversas nas quais nasceu. Interessante notar que, também para os indivíduos brancos, essas narrativas são úteis. Se estão no topo da pirâmide social, podem utilizá-las via meritocracia, dando legitimidade narrativa às suas próprias fortunas. "Afinal, se eu sou rico, não é porque meu avô tinha escravos, mas porque trabalho muito. Herdei alguma coisa, sim, mas em nada adianta receber grande herança se não souber administrar." Esse discurso aparece muito nas discussões sobre desigualdade social no Brasil, porque, aqui, o racismo tem base quantitativa, mas julgamento qualitativo.

Cresci no Rio Grande do Sul, estado frequentemente apontado como o mais racista do Brasil. Fico imaginando índices de medição dessa quantidade de racismo. No que se sustenta essa percepção? Em medição feita em escolas? Em igrejas? Ou quem sabe em agências de publicidade? Com base no documento "A população gaúcha", publicado em 2021 pelo governo do Rio Grande do Sul, com dados de 2019, alguém poderá dizer que os 21,3% de negros que existem neste estado, frente aos mais de 79% brancos, são a prova de que há racismo, mas isso não é correto. Isso equivaleria a dizer que onde existe uma pessoa branca há racismo. Campanhas que visam à defesa de populações em situação de vulnerabilidade apostam nesse cálculo, fruto de uma mentalidade de autodefesa. Não faço aqui qualquer condenação a isso. Contudo, em nossa conversa, gostaria de evitar lampejos de autoengano, destinados a aliviar a dura vida que o negro tem em todas as regiões do Brasil, pois todos os casos de racismo midiatizados no país são oriundos do mesmo racismo brasileiro.

Aqui, é bom lembrar que a grande presença da colonização ítalo-germânica por estas terras é fruto de uma decisão nacional. Foi o Brasil que desejou essa demografia. Além disso, não é viável pensar em um país antirracista sem contar com a contribuição dos indivíduos brancos, que, antes de brancos, são indivíduos dotados com capacidade de transformar sua própria história através da argumentação, da experiência e do reconhecimento de que, às vezes, a ideologia nos impede de ver aquilo que está sob nossos olhos.

Há muitos modos de educar uma pessoa. No Brasil, a televisão é, ainda hoje, um dos mais poderosos. Na cidade onde passei a infância, nas condições que tínhamos, a televisão tinha apenas três canais: a Rede Globo, a Bandeirantes e a Rede Manchete. Havia uma proibição silenciosa em casa e a Bandeirantes praticamente não era sintonizada. A única oportunidade de eu assisti-la era quando ia ao Salão Almeida. Seu Almeida era o barbeiro que havia cortado o cabelo do meu avô, dos meus tios e que, portanto, estava condenado a cortar o meu. A cadeira do cliente era alta de dar medo nas crianças, mas gostávamos de estar ali, porque cada visita era uma etapa em nossa educação masculina. Não havia negros, mas ali dentro eram todos homens, mesmo as crianças, que eventualmente apareciam. Seu Almeida primeiro perguntava pelo meu vô, depois pela minha mãe, daí me vestia com as duas partes do avental. Primeiro era uma espécie de túnica branca, por último, entre a gola da camiseta e o pescoço, ia um lenço de algodão, também branco. No chão, um cão igualmente branco ficava o tempo todo dormindo. Não me lembro de ter visto aquele animal acordado nem me ocorre agora qual era seu nome.

A TV ficava ligada o tempo todo na Bandeirantes. O *Clube do Bolinha* era um programa de auditório, em um modelo que por vezes lembrava o *Cassino do Chacrinha* (Globo) e por vezes lembrava uma espécie de bailão. Havia anúncios de produtos que prometiam vantagens específicas para homens, um pouco difíceis de decifrar para mim na época, como o calendário lunar Pilomax. A trilha sonora advertia com bom humor sobre a conduta do apresentador: "Bolinha, Bolinha, está na hora de você entrar na linha!". Uma vez, a cada 14 dias, eu tinha minha única dose de masculinidade.

Ser homem, eu pensava, era assistir à Bandeirantes o tempo todo. Mas todo povo tem sua mãe. E a nossa era, na década de 1980, a Rede Globo. Sua programação organizava lá em casa o regime da vida: Chico Anysio, Jô Soares, o *Jornal Nacional* e, é claro, as telenovelas. Por conta do trabalho, era difícil todo mundo se encontrar nas refeições, mas para assistir à novela a família se formava. Às vezes, perdia-se o *Jornal Nacional*. Tudo bem, as notícias eram sempre as mesmas: guerra em algum lugar distante, fome no Brasil, inflação. Mas a novela, não. A novela trazia a cada dia uma novidade.

Aos poucos, a vida social foi se modificando, os núcleos familiares se construindo, e as novelas perderam a centralidade lá em casa. Em 1994, enquanto comia polenta frita com minha tia Edna, assisti a uma cena de racismo. Em cena, o ator Tarcísio Meira desancava um funcionário. Eu não estava interessado no tema, porque os *games Street Fighter II* e o *Sunset Riders* me esperavam. Minha tia olhou e disse: "Mas que homem boboca esse. Bem boca-aberta mesmo. Ficou que nem um lerdo. Se há uma coisa que eu odeio é gente mazanza". Algo na cena a irritara terrivelmente. Nos anos 1980, tia Edna frequentou reuniões do movimento negro na Igreja São Judas Tadeu, que ficava no bairro mais negro da cidade onde morávamos. Ela andava pelas ruas com uma jaqueta de *jeans* cheia de *bottons*, nos quais se liam frases de autoafirmação, como *Boicote Urgente!, Negro que te quero negro!, A África somos nós, Negro é lindo!* Quanto a mim, novela era novela. Eu não via nada.

Contudo, longe dali, em São Paulo, uma ativista do movimento negro parecia concordar com minha tia Edna. Era Sueli Carneiro, cuja biografia foi lançada em livro em 2021 por Bianca Santana. Narra a autora na página 209: "Representando o Geledés e o SOS Racismo, Sueli Carneiro entrou com uma notificação judicial no Foro Cível contra a Globo e os autores da novela. Ao veicular imagens arcaicas dos negros, a novela feria a autoestima de toda uma comunidade, menos pelas palavras do protagonista branco do que pela passividade do homem negro diante do racismo. Assim começou uma batalha pública que durou três meses. Um dos seis autores da novela, Sérgio Marques, disse ao jornal *Folha de S. Paulo* que a notificação era ridícula e um atentado à liberdade de expressão. Ainda a chamou de prepotente. Gilberto Braga, outro autor, afirmou que o objetivo da cena era denunciar o preconceito racial no Brasil. Disse que "palavras fortes" foram empregadas para "revoltar os telespectadores e mobilizá-los contra a discriminação". A resposta de Sueli Carneiro foi: "reconhecemos a importância de se discutir o racismo numa novela da Globo, o problema é que Kennedy e os demais negros de *Pátria Minha* comportam-se o tempo todo com submissão, não sabem se defender sozinhos. Precisam sempre que um personagem branco lhes mostre a luz. É uma visão arcaica e paternalista, típica dos velhos manuais de história".

Carneiro verbalizou, com o brilho e a perspicácia estratégica que se espera de uma líder, o sentimento do fim do mundo. Quando ficou sabendo do processo contra a Rede Globo, tia Edna bateu na mesa e disse: "Bem feito para eles. Acham que podem tudo". Mas a recepção na comunidade negra não foi predominantemente essa, anotou a biógrafa: "O mundo desabou. Todo dia alguém criticava a denúncia em um jornal de grande circulação. E todo dia Sueli respirava fundo para responder à altura. A atriz Ruth de Souza defendeu a entidade na *Folha de S. Paulo*, afirmando ser muito importante que o movimento negro proteste". Já Maurício Gonçalves, ator da Globo, disse que o movimento negro era constituído por um bando de vagabundos. Os autores da novela perguntavam, com ironia, por que não tentavam censurar ***A cabana do Pai Tomás***? ▶

A CABANA DO PAI TOMÁS

Lançado em 20 de março de 1852, este *best-seller* norte-americano chegou a ser o segundo mais vendido nos Estados Unidos e no mundo no século XIX, ficando atrás apenas da Bíblia. Embora um romance contra a escravatura, é também uma comovente história narrada pela professora abolicionista Harriet Beecher Stowe. Segundo informa a Wikipedia sobre esse título, ele teria sido escrito como reação à segunda Lei do Escravo Fugitivo, aprovada no país em 1850, que, além de resolver tensões relativas à criação do estado da Califórnia, obrigava os estados livres do Norte a devolver os escravos capturados aos proprietários e traficantes do Sul. Ela teria sido um elemento da radicalização que levou à Guerra Civil no país. O livro descreve a vida dos escravos e, segundo a crítica dos anos recentes, contribuiu para cristalizar estereótipos sobre os negros, entre eles a afetuosa "mãezinha" (babá) negra; o "escurinho feliz", preguiçoso e despreocupado; e o serviçal sofredor dedicado aos patrões brancos, isto é, o passivo Pai Tomás, que aceita seu destino sem se revoltar.

Fonte: https://pt.wikipedia.org/wiki/A_Cabana_do_Pai_Tom%C3%A1s. Acesso em: 20 set 2022. (Nota dos editores)

Certa vez, em uma reunião de orientação, a professora Barbara Foley me disse algo que mudou a minha visão sobre esses episódios em que a comunidade negra parece estar dividida. Ela disse:

"Maurício, o capitalismo é muito eficiente em ridicularizar iniciativas [tomadas] contra ele. A gente se acostumou a temer o horror, mas muitas vezes é o ridículo aquilo que se levanta contra nós com mais força". Por vezes, uma postura política é desacreditada e reprovada jocosamente pela parcela da população que mais se beneficiaria com seu exercício pleno. Se tivesse ouvido Mauricio Gonçalves, filho do ator Milton Gonçalves (1933-2022), Carneiro não teria incomodado ninguém e possivelmente seus dias teriam sido mais tranquilos naquele ano. No entanto, alguém disse no Sermão da Montanha, segundo Mateus 5:13: "Vós sois o sal da terra. Se o sal parar de salgar, com o que salgaremos? Ele não servirá para coisa alguma, será jogado fora e pisoteado pelas pessoas". Carneiro pagou alto preço pelo que fez, mas é justamente por isso que somos hoje tão gratos a ela. Militar em favor de uma causa é sempre ter que suportar os dedos apontados e até duras campanhas de difamação promovidas por canalhas e seus aspones digitais.

Muitas vezes, por ignorância, má-fé ou reflexo-emocional, muitos de nós lançamos nossa ira sobre aqueles que estão produzindo mudanças. Esse comportamento se explica, em parte, porque alguns preferem permanecer em condições ruins já conhecidas a apostar no risco da fuga rumo à liberdade. Não devemos sucumbir à tentação de deixar pessoas ainda não emancipadas experimentarem doses cada vez maiores de opressão, apenas por raiva – ainda que legítima – delas. Uma parte importante do trabalho de uma pessoa negra é seguir em frente sem se preocupar com o que os outros dizem, porque se o fizer correrá o risco de acreditar em tudo aquilo que é dito para controlá-las. Sem filtros e consciência crítica, acabamos por comprar o conto da supremacia branca até o limite final do argumento falso e cretino de que a escravidão foi um bom negócio para nós, os negros.

Há, portanto, um sentido semântico na palavra resistir, isto é, a palavra (significante) está indissoluvelmente ligada ao significado, incluindo conteúdo e contexto. E ele precisa ser respeitado, porque o ser humano é mesmo o sal da terra. O argumento que Sueli Carneiro evocou num artigo publicado no *Estadão* iluminou uma saída: "Os personagens brancos da novela são ricos, pobres ou de classe média. Generosos, egoístas, progressistas, reacionários, ou seja, refletem a multiplicidade de situações e atitudes presentes na sociedade. Diferentemente, os personagens negros estão congelados num único estereótipo: são humildes, indefesos e servis".

Alguns dias depois a *Folha* publicou a manchete 'Novela terá família negra bem-sucedida'. Silvio de Abreu, autor da novela das oito que sucederia à *Pátria Minha*, foi à imprensa e declarou que dentre os personagens principais haveria uma família negra de classe média, em ascensão econômica. Apesar de negar ser uma resposta ao caso, era como se com isso o assunto se encerrasse. (...) À reportagem, o dramaturgo ainda disse que havia criado a família para atender a uma justa e antiga reivindicação do movimento negro. Pela primeira vez, a mais poderosa emissora de televisão do país recuava diante do movimento negro". Este é mais um registro de Bianca Santana na página 210 da biografia de Sueli Carneiro.

Na luta política, as vitórias são sempre temporárias. Em 1999, a Rede Globo levou ao ar *Terra Nostra*, uma história de amor que tinha como pano de fundo o processo da imigração italiana. Em uma das cenas, o personagem Justino, interpretado pelo ator Roberto Bomfim adverte o patrão sobre a natureza indomável dos italianos: "Eles não vão querer viver na senzala onde o senhor mantinha seus escravos. (...) Eles são brancos, não são negros escravos. Eles podem não ter nada na vida, mas trazem no coração o espírito da liberdade".

Minha tia Edna gostou muito da novela. Via ali algo de muito belo e experimentava um genuíno sentimento de sororidade por Giuliana, personagem de Ana Paula Arósio. Uma vez, ao comentar um capítulo, me disse: "Olha, mulher sofre". E acrescentou: "Tomara que ela fique com o homem dela no final". O episódio me serviu para mostrar como as questões raciais aparecem de modo imbricado e que nem sempre é possível definir o mundo entre emancipados e escravizados. Em certas ocasiões, em determinados assuntos, somos conscientes e livres. Noutros, a depender do peso de nossa própria história e da força das condições que nos cercam, somos alienados e iludidos.

Quando penso em educação, penso na professora Rosane Fachinetto, na Série Vagalume, na enciclopédia Barsa, no palhaço Bebé, na Turma da Mônica, no professor Norton, mas penso também na Rede Globo, no Information Society, na Bandeirantes e nos *tokusatusu* japoneses da Manchete, que fizeram minha cabeça, no Mundo de Beakman, nos Anos Incríveis, no Doug, no Chaves e nos Comandos em Ação. O mundo dos negros às vezes é branco, o que não é necessariamente má notícia. Uma coisa é ser contra o racismo; outra coisa, bem diferente, é ser contra os brancos. Os racistas estão sempre trabalhando para que não consigamos discernir uma da outra.

2
Os falsos testemunhos e os testemunhos dos falsos

Em 1989, meu time, o Internacional, enfrentou a equipe do Bahia, em duas partidas, valendo o título do campeonato nacional de futebol daquele ano. A equipe do Internacional, treinada por Abel Braga, tinha muita imposição física, mas um futebol limitado. A equipe do Bahia era talento puro. Bobô, seu craque, encantava no campo. No primeiro jogo, no estádio da Fonte Nova, ele marcou os dois gols da vitória do time. O resultado deu vantagem aos soteropolitanos, que chegaram a Porto Alegre, para o jogo de volta, precisando apenas do empate para ser campeão. Várias reportagens da época ecoaram a suspeita racista de que o Bahia estava de algum modo se valendo de artifícios metafísicos para vencer os jogos. Uma das entrevistas mais marcantes mostrava um suposto líder religioso do candomblé desfazendo uma oferenda. Na foto, um boneco vestido como o goleiro Taffarel, do Inter, aparecia amarrado com barbante, simulação grotesca de um ritual de magia.

Se desfizesse o "trabalho", o Internacional teria total condição de vencer a partida, o que acabou não acontecendo. O jogo permaneceu 0x0 e o Bahia comemorou o título daquele ano em território gaúcho. Fracassada a tese de feitiçaria, passou a circular outra interpretação para o fato: um ex-funcionário do clube, indignado com pendências trabalhistas, teria enterrado um sapo no gramado do estádio do Beira-Rio. Sem que esse trabalho fosse desfeito, o Internacional jamais voltaria a ganhar um título de expressão. Não é preciso mencionar que, apesar de nunca confirmada a absurda história, todos diziam que o tal funcionário era negro. Quando as capacidades produtivas cessam, algum branco culpa algum negro.

Negros têm essa experiência em comum: ser acusados de qualquer coisa que eventualmente ofenda os brancos. No ambiente de trabalho, são inúmeras as situações em que indivíduos negros são acusados de coisas que não fizeram. Isso, para além do problema jurídico e da injustiça moral, gera dificuldade no mecanismo de identificação de responsabilidades. Por ser acusado de tudo o tempo todo, o indivíduo negro pode desenvolver um comportamento escapista, pelo qual tende a rejeitar situações que demandam envolvimento e responsabilidade. Para lidar com essa carga emocional alta – que lhe é invisível –, ele faz um esforço sobre-humano. Resta pouco para a família, pouco para o desenvolvimento de uma habilidade artística, muito pouco para a hidratação de seus afetos. Às vezes, os homens negros não têm mais condições sequer de comparecer em um cartório para registrar seus filhos biológicos. Noutras vezes, não são mais capazes de visitar os filhos registrados. Ou estar com suas mulheres. Porque não podem mais fazer sacrifícios, pulam de relacionamento em relacionamento, por estarem sempre cansados, não suportarem mais nenhum plano de longo prazo.

Veja só esta passagem, narrada por Laurentino Gomes na página 55 do volume 2 de sua excelente trilogia sobre a escravidão no Brasil: "A história de Luiza Soares era particularmente trágica. Seus donos, um casal de mineradores, a acusavam, entre outras coisas, de ter lançado uma maldição nas jazidas de propriedade deles, interrompendo de forma abrupta e inexplicável a extração de ouro. Também a responsabilizaram pela morte de seus dois filhos. O caçula, recém-nascido, amanhecera morto no berço, pálido e sem indícios de que lhe restasse sangue nas veias. Segundo a documentação anexada ao processo, teria sido vítima de um extraordinário caso de vampirismo noturno por parte da escrava. Sob a proteção das sombras da madrugada, Luiza teria fugido da senzala e se infiltrado na casa dos senhores pelo buraco de uma janela 'na forma de uma borboleta'. Uma vez lá dentro, e já novamente na sua configuração humana, sugara o sangue do bebê pela boca e o nariz. Ainda segundo a denúncia, depois do sepultamento da criança, Luiza a teria desenterrado e usado partes do cadáver em poções de feitiços. As pernas e os braços, assados num forno da senzala, foram enterrados na entrada da propriedade. Os intestinos, cozidos, acabaram misturados à sopa servida à própria dona da casa".

Assim nasceram: a primeira e única insurreição vitoriosa de escravos; a primeira colônia indígena independente e a primeira República Negra da História da humanidade, como celebrou o poeta da Martinica Aimé Césaire, em seu *Discurso sobre a negritude*, publicado em Paris em 1955: foi no Haiti onde "pela primeira vez, a negritude se pôs em pé".

Os delírios persecutórios sempre acompanharam uma parte considerável de nossa elite. O medo de uma revolução ao estilo da que houve no Haiti se transformou em uma espécie de espectro que aterroriza a classe dominante. Ocorrida em 1791 sob o comando de Touissant L'Ouverture e Jacques Dessalines, a revolução do Haiti, onde pela primeira e única vez houve uma insurreição vitoriosa de escravos, teve dois episódios com enorme repercussão nas Américas. O primeiro foi a instalação do governo do general negro L' Overture, considerado por muitos o maior revolucionário negro do Novo Mundo, que termina melancolicamente com sua captura, deportação e morte na França. O segundo episódio decisivo ocorre em 1804, quando o revolucionário ex-escravo Dessalines contra-ataca, derrota os franceses, emancipa a ilha de São Domingos e promove um sangrento acerto de contas, dizimando parte da população branca. Por séculos. a imagem do revide negro, do horror provocado pelo inédito massacre dos brancos atormenta o sono das elites escravocratas, mas também o sono da classe escravizada. Saber que sua liberdade dependerá de um elemento de ruptura radical, saber que a outra parte não está disposta a admitir sua existência sem derramamento de sangue leva um ser humano à fronteira da sanidade mental.

O Haiti também foi tema de uma linda canção de Gilberto Gil e Caetano Veloso, que reflete tristemente a situação do Brasil atual, gravada no álbum *Tropicália 2*, de 1993, com o refrão: "O Haiti é aqui / O Haiti não é aqui", cuja letra completa pode ser acessada no *site* Vagalume.

Para os compositores, o Haiti não pode ser aqui, porque os opressores jamais deixarão que seja, mas as duras condições sociais impostas pelos colonizadores de lá também são as impostas aos negros pelos daqui, em uma ferida histórica que nos aproxima.

Observei em *Boca de conflito* (pág. 92): "Você não é bem-vindo naquele bar alternativo, com decoração que lembra muito Williamsburg, onde todo mundo diz que o mundo todo é bem-vindo. Não. O seu lugar, agora que a escravidão acabou, era em algum tipo de depósito humano, mas o mundo ainda não está pronto para reciclar o que eles chamam de minorias rançosas. Por isso eles decidiram tolerar você por enquanto. Eles queriam que a universidade fosse uma máquina onde a branquitude pudesse transformar nosso ódio-intelectual-produtivo em amor-cultural-bovino. Pois bem: nos 80 frustraremos esse plano. Não seremos o tempero étnico do caldeirão do intelectualismo periférico. (...) Tomaremos de volta tudo o que nos foi roubado: moeda a moeda, título a título, departamento a departamento. Essa não é uma luta simbólica. Essa não é uma luta identitária. Essa é a luta pela vida. E nós ainda estamos respirando".

Pensar no Haiti é, na verdade, pensar em todos os lugares em que padecemos, sem de fato nos endereçar a nenhum.

Por causa do fantasma dessa rebelião, a qualquer momento os negros podem – a elite suspeita – se revoltar na senzala invisível de suas vidas. E eles, perder o poder e ser obrigado a experimentar um pouco do horror ao qual submete seus escravizados – este é o medo de todo opressor. E é por isso que alguns descendentes de escravizados confundem com empoderamento negro aquilo que é o medo que os brancos têm de ser agredidos. E sucumbem ao crime, na ilusão de que ser temido é ser respeitado.

Aqui, um exemplo pessoal: quando eu era criança, o supermercado encarnava um mundo de sonhos ao alcance das mãos. Um dia, comentando com um colega de bairro que eu gostaria muito de comprar um novo time de botão, mas precisaria esperar até a chegada do meu aniversário, dali a dois meses, ele me confidenciou que jamais comprara nada. Roubava tudo. Generoso que era, ao longo de uma semana foi me mostrando coisas que roubara do maior supermercado da cidade, até que, numa sexta-feira chuvosa, me propôs: "Te ensino a fazer, meu. Não fica esperando a mamãe feito bebezinho." Aceitei o convite de Mefistófeles e fui com ele iniciar-me no mundo do crime.

Horas depois, ajoelhado na última prateleira do setor de brinquedos, tirei do bolso uma lâmina e cortei cuidadosamente a embalagem que guardava o time de botão do Botafogo. Retirei de lá a cartela com emblemas. Depois, fui para o corredor de bolachas e passei pelo setor de bebidas. Só depois cheguei ao caixa. Na esteira, uma garrafa de refrigerante e um pacote de biscoito recheado. Peguei o troco sem tremer e saímos separados. Quando dobramos a esquina, ia comemorar, mas meu mentor advertiu: "Só comemore em casa, escondido". Obedeci. Quando cheguei em casa, coloquei os emblemas sobre a mesa de botão. Era realmente uma grande tática a dele.

Dali para a frente eu não precisaria mais esperar nada nem ninguém. Se eu precisasse, iria pegar. A estratégia era simples: ir todos os dias ao supermercado e furtar itens de pequeno valor. Com o tempo, nossa presença nem seria notada e seria possível, ele me garantiu, "roubar qualquer coisa, de qualquer valor, sem ser visto". O problema é que eu não tinha dinheiro para todos os dias comprar uma mercadoria só para camuflar o roubo de outra. Então, ele me apresentou o plano todo: "Para ter dinheiro tu tem que roubar as locadoras". No final dos anos 1980, as videolocadoras eram um negócio muito rentável. Roubá-las era um projeto de vida dele.

Ocorre que eu até estava disposto a roubar supermercado, mas videolocadora era um passo adiante que eu, aos 8 anos, não podia dar. Titubeei. Ele se irritou e me chamou de "crânio". Quando as pessoas queriam me ofender, elas me chamavam de crânio, porque minha cabeça, diziam, era enorme. Eu ficava muito bravo quando faziam isso. Lamentei a inexistência de uma ética do crime e fui para casa chorando. Ao chegar lá, coloquei o produto do roubo na minha mesa de botão e tomei, ainda chorando, meu refrigerante enquanto comia biscoito com gosto de lágrima.

Naquele dia, minha mãe, que era cabeleireira, chegou em casa mais cedo. Ela entrou, passou a mão na minha cabeça e se sentou na poltrona da sala, comentando as dificuldades do dia. Falava para o vazio, enquanto eu colocava meus novos emblemas no time antigo do Figueirense. Lá pelas tantas, como se conversasse com outro adulto, ela me disse: "Tem que estudar bastante pra não passar o dia lixando o pé dos outros depois". Daí, ela se levantou e foi para a cozinha, fazer a janta. Fui tomado por um sentimento de vergonha. No dia seguinte, retornei ao supermercado e comprei o time de botão da embalagem que eu tinha violado. A operadora do caixa me alertou que a mercadoria estava danificada e chamou alguém para substituí-la. Eu teimei que era aquele time que eu queria, e do jeito que estava. Ela passou o produto meio desconfiada, mas sem muita disposição para averiguações, não criou caso. Imaginei-a conversando com seus filhos negros, como minha mãe conversava comigo às vezes. Lembrar disso, ainda hoje, não sei bem o motivo, me dá uma sensação de alívio.

Em casa, juntei o fruto do furto do dia anterior com a compra daquele momento. Sentado ali ao sol das três da tarde, encerrei, em apenas 22 horas, minha carreira no crime. Nunca mais soube do meu colega que roubava coisas. E nunca mais furtei coisa alguma. As pessoas negras às vezes pensam em pegar o atalho do crime porque o outro caminho, o da retidão, simplesmente parece não fazer sentido. Às vezes, a impressão é de que, para os indivíduos negros, a punição sempre vem, não importa se somos culpados ou inocentes. Dessa maneira, muitos decidem que o melhor a fazer é vestir a fantasia preparada pelo carrasco. No imaginário negro, cabe às mães negras a tarefa de desmontar essa armadilha, simplesmente porque elas são as únicas que se importam com as crianças negras. Contudo, o reconhecimento dessa situação não deve resultar na celebração cínica das infinitas habilidades de uma mulher. Devemos sempre ter em mente que, quando alguém faz muito, é porque muitas pessoas não fizeram nada. E, ainda pior, que uma enorme parcela do heroísmo que celebramos nas mulheres negras não passa de estratégia para jogar sobre elas uma responsabilidade que não lhes cabe.

A respeito dos mitos envolvendo a mulher negra, escreveu a psicanalista portuguesa Grada Kilomba em *Memórias da plantação*, livro lançado em Berlim em 2010 e só em 2019 no Brasil (pág. 142): "Essa imagem da mulher negra como 'mãe' vem servindo como um controle de raça, gênero e sexualidade. É uma imagem controladora que confina mulheres negras à função de seres maternais, justificando sua subordinação e exploração econômica. A mãe negra representa a relação ideal de mulheres negras com a branquitude: como amorosa, carinhosa, confiável, obediente e serva dedicada, que é amada pela família branca.

Prosseguindo na minha história pessoal. Furtar é errado, mas, em algum momento, pareceu certo para mim, porque, como filho bastardo de mãe solteira, errar era uma espécie de vingança contra a crueldade do que se apresentava como certo. Frente às interdições da vida, eu construiria um caminho aberto de permissões infinitas. Foi a presença da minha mãe que me convenceu do contrário, porque as mães negras carregam no sangue as cicatrizes de uma pedagogia da dor. Há muitos modos de aprender algo: nos livros, nas revistas, nas salas de aula, nas bibliotecas, nos jornais, nos terreiros, nas igrejas, nas sinagogas, nos clubes, nos partidos políticos... mas em todos esses lugares são as pessoas por trás da informação o que mais importa. Não é o que se diz, mas o conjunto do que é dito + para quem é dito + como é dito + o porquê de ter sido dito o que define o valor do conhecimento. E conhecimento só tem valor se ele transforma as pessoas que entram em contato com ele.

Os negros não podem sucumbir ao crime porque cada vez que um negro comete um crime, cada vez que ele passa para o lado do mal – sim, existe o mal –, ele se torna aquilo que o matou: um escravocrata. Cada negro que sequestra é um pedaço do sequestrador que nos tirou da África. Cada negro que estupra ressuscita em si mesmo o estuprador branco das senzalas. Cada negro que rouba é um mercador branco que roubou nossa liberdade. Cada negro que mata faz triunfar os homicidas brancos sobre a fertilidade negra, tenham os brancos a cor que tiverem.

3

O cotidiano como aliado

O jornalismo também constitui uma importante força no combate ao racismo. Mas nem sempre foi assim. Muitos jornais serviram de veículo para propaganda escravocrata, Mas, antes de definir o jornalismo como um aliado histórico do conservadorismo, é preciso considerar que os jornais são espaços de excelência do debate público, nos quais a voz de certos grupos políticos é amplificada, mas jamais inventada. Os jornais são uma janela para a compreensão da sociedade. Veja só o anúncio publicado no *Jornal do Comércio*, RS, na edição de 3 de agosto de 1850, ano da **Lei Eusébio de Queirós**: 🔗▶

> Aluga-se uma preta para ama com muito bom leite, de 40 dias e de primeiro parto; É muito carinhosa para as crianças, não tem vício algum e é muito sadia; E também se vende a cria.

LEI EUSÉBIO DE QUEIRÓS

Um mês e um dia após a circulação do anúncio citado, em 4 de setembro de 1850, era promulgada a lei proposta pelo ministro da Justiça do império brasileiro, Eusébio de Queiros: "Lei n. 581, de 4 de setembro de 1850. Estabelece medidas para a repressão do tráfico de africanos neste Império". Tratava-se de proibir o tráfico no país, que, nesse comércio de vidas humanas iniciado no século XVI, havia deslocado o maior número de pessoas para o trabalho não remunerado – quase 5 milhões – e se tornado o que mais recebeu africanos escravizados em todo o mundo. Dessa vez, não seria uma "lei para inglês ver", como tinha sido a Lei Feijó, de novembro de 1831 – exigência da Inglaterra para reconhecer a independência, proclamada em 1822 –, mas abertamente ignorada. Ainda assim e apesar da pressão dos ingleses, os abolicionistas teriam de lutar bastante para conseguir a libertação dos escravos.

Fontes: Arquivo Nacional, Memória da Administração Pública Brasileira (Mapa), artigo da pesquisadora Louise Gabler (Disponível em: http://mapa.an.gov.br/index.php/menu-de-categorias-2/288-lei-euzebio-de-queiroz). Veja mais sobre o tema em: https://www.infoescola.com/historia-do-brasil/lei-eusebio-de-queiros/ e https://brasilescola.uol.com.br/historiab/lei-eusebio-de-queiros.htm. Acessos em: 27 set 2022. (Nota dos editores)

O que agora espanta a maioria de nós era algo corriqueiro naquela época. Não significa, porém, que não existissem pessoas para as quais a escravidão era:

um crime hediondo, condenável em qualquer época. A luta contra a escravidão contou com a ajuda de muita gente, branca e preta, dedicada a consertar o que outros de seu tempo faziam.

O mesmo ocorre agora. Em nosso tempo, há milhões de pessoas procurando construir um Brasil melhor, e o futuro olhará para elas da mesma forma como olhamos para os heróis de nosso passado. É claro que não há nenhuma garantia que avalize minhas esperanças. Então, o melhor a fazer é considerar o que já realizamos até o momento. Não ficamos, como povo negro, à espera de um salvador. Tampouco aceitamos a história do que nos foi feito sem apontar seus disparates. Nesse sentido, encontramos na arte um modo de ressignificar essas situações, tornando-as mais testemunho de nossa força do que de nossa vergonha:

> Aluga-se uma preta
> para ama
> com muito bom leite, de 40 dias
> e de primeiro parto,
> é muito carinhosa,
> não tem vício algum
> Aluga-se uma preta
> para ama
> e também se vende a cria

Aluga-se uma preta
de braços fortes
e de abundante leite
seja cativa ou liberta
trabalhadora de noite e dia

Aluga-se uma preta
sem filho e que saiba cuidar de menina
enquanto cuida de sinhá
à roda os senhores levam toda sua cria.

Aluga-se uma preta
de braços fortes
e de abundante leite
seja cativa ou liberta
trabalhadora de noite e dia

Aluga-se uma preta
sem filho e que saiba cuidar de menina
enquanto cuida de sinhá
à roda os senhores levam toda sua cria.

Aluga-se uma preta
ama-seca muito jeitosa
o leite estancou no peito
assim como os afetos que nos cuidados ela nutria

Não aluga-se uma preta
caiu fraca, sem leite
sífilis e tuberculose ela tinha

cobra-se o ordenado da preta
mais humilhação, violência e vilania
o senhor enganado era quem exigia.

Fernanda Bastos
Dessa cor, 2018, pág. 50

Neste poema, a porto-alegrense Fernanda Bastos se apropria da notícia e a reconduz em um percurso de releitura estética. O eu lírico avança em direção a uma previsão do que terá acontecido depois do eventual aluguel, cujo principal objetivo é produzir vantagem para o senhor, ainda que custe o bem-estar e eventualmente a vida da escravizada. Bastos faz questão de se utilizar do expediente polifônico para demonstrar, com ironia, que é o próprio senhor de escravos que se sente lesado. Dessa forma, a autora denuncia como a escravidão do corpo se torna simbolicamente a escravidão do espírito. Aqueles que escravizam acreditam que o propósito da vida do escravizado não pode ser outro senão confirmar suas expectativas sádicas.

Enquanto as instituições trabalham para confirmar as aspirações daqueles que já não podem viver sem o apoio de um sistema de hierarquização racial feito para os proteger, a comunidade negra continua reagindo através da linguagem:

> política tem cor
> um Congresso branco
> uma telenovela gelo
> Fernando Holiday
> de direita

não é mais da cor?
e o pessoal alinhado que o ataca
pela cor
falando das contradições do negro sem olhar o rabo
como se dissessem
a gente dá liberdade e olha o que vocês fazem
de posse (da cor)
e o rabo, tem tamanho e cor?
esqueceram o decoro da cor?
(...)
Nega preta
preto negão
redundância da cor
Tenho pensado no peso da cor
a editora portuguesa disse
que não edita por gênero
ou cor
branco, negro
ou cigano
ela não vê cor
mas cigano é cor?
ou ela expôs sua escala de valor?
No terreno baldio
com a cabra vadia
ela admitiria a cor
pois um editor é sensível
a ponto de perceber e rejeitar a cor
afinal, quanto mais ou menos preto
a gente nem menciona a cor.
Decoro.

Fernanda Bastos
Dessa cor, pág. 21

Neste outro poema, Bastos parte para uma investigação sobre a linguagem. Reunindo vários aspectos do cotidiano, ela investe em uma análise das contradições da identidade cultural em um país que ainda hoje se orgulha de ser o que não é: uma democracia racial. Na poesia de Bastos, há uma tentativa de não se confundir os evidentes limites da vida narrada com as eventuais limitações do ato de narrar. Na prática, a autora quer um discurso autoafirmativo capaz de resistir às simplificações, às reduções e ao conjunto de soluções ineficientes que o antirracismo superficial da burguesia tem oferecido. Todavia, Bastos admite a necessidade de uma poesia que fale tanto da negritude quanto das aspirações estéticas de quem escreve:

> No início do caminho tinha uma preta
> Tinha uma preta no início, no meio e
> no fim do caminho.
> No início, no meio e no fim,
> tinha uma preta no caminho.
> Nunca me esquecerei desse fatigamento
> pesado sobre minhas castigadas costas.
> Mas tento todos os dias entender
> que sou eu a preta no início, no meio e no fim do
> meu
> caminho.
>
> Fernanda Bastos
> *Dessa cor*, pág. 36

Aí está mais um poema de Bastos. Neste, ela faz uma relação com o clássico **No meio do caminho** ☍ ▼, de Carlos Drummond de Andrade, publicado pela primeira vez em julho de 1928 no número 3 da *Revista de Antropofagia e* dois anos depois em livro. O que a autora faz aqui é reposicionar a perplexidade não em relação ao mineral metafórico de Drummond, mas a si própria, como um processo de aceitação sobre as delícias e as implicações de ser uma mulher negra no Brasil.

☍ NO MEIO DO CAMINHO

O famoso e muito polêmico poema de Drummond saiu em livro – 500 exemplares (– em 1930, publicado pelo selo imaginário Edições Pindorama, com a ajuda da Imprensa Oficial do Estado e custos cobertos mediante desconto na folha de pagamento do autor, que era funcionário e colaborador em jornais em Minas Gerais.

Fonte: *Drummond frente e verso*, pág. 10. Rio de Janeiro: Edições Alumbramento/ Livroarte Editora, 1989. (Nota dos editores)

Ultimamente, tem sido difícil se concentrar na força que vem dos textos, eu sei. É certo que há dias difíceis para qualquer ser humano, mas, para os negros, esses dias se multiplicam, porque ficamos com as dificuldades oriundas do fato de sermos humanos acrescidas daquelas resultantes de não acreditarem que sejamos seres humanos. É um fardo bastante grande, e eu entendo plenamente – hoje mais do que nunca – aqueles que já não desejam carregá-lo. Não importa a idade que tenha. Não importa qual seja sua profissão. Não importa nem mesmo sua identidade de gênero. Se você pertence à comunidade negra, sabe do que estou falando.

Repare que não uso meias palavras aqui. Estou exausto. E sei que você também está. Não queremos mais descansar, porque descansar significa retomar isso tudo mais tarde, em outro momento. Não queremos mais combater o racismo. Não queremos mais educar ninguém. E quanto mais esse sentimento cresce, mais perigosos nos tornamos para nós mesmos e para o Brasil. Eu escrevo livros contra o preconceito racial, porque é o modo que encontro de fazer algo, embora já não saiba o que dizer para amigos escritores próximos se já não nos tornamos aquele personagem do **Caio Fernando Abreu** 🔗 ▶ "batendo numa porta que não abre nunca". Quando as coisas chegam nesse ponto, a única coisa que me acalma é ouvir "Negro drama" do álbum *Nada como um dia após o outro dia* dos Racionais MC's: "(...) Me ver pobre, preso ou morto já é cultural / Histórias, registros e escritos / Não é conto nem fábula, lenda ou mito (...)". A letra completa pode ser acessada no *site Vagalume*, especializado em música.

CAIO FERNANDO ABREU

Poucos contistas são mais importantes do que Caio Fernando Abreu (1948-1996), uma referência à qual sempre retorno. Neste caso, estou falando de um conto específico, chamado "Além do ponto", que está no livro *Morangos Mofados*. Publicado primeiramente em 1982, pela editora Brasiliense, em uma coleção belíssima chamada "Cantadas Literárias", o título hoje está no catálogo da Companhia das Letras e é, para mim, um dos cem livros mais importantes da nossa literatura.

(Nota do autor)

Não tenho origem periférica. Cresci no interior do Rio Grande do Sul, mas os Racionais têm uma forte mensagem, capaz de oferecer uma experiência universal a cada negro e negra em particular. Ouvi-los é encontrar uma forma de odiar todo mundo sem machucar ninguém, salvando a única pessoa que sempre se machuca quando você se dedica a prejudicar aqueles que montaram esse circo de horrores: você mesmo.

Nem todos se salvam, naturalmente, como se constata em "Diário de um detento", em que os Racionais registram um dia amanhecendo na Penitenciária do Carandiru, que chegou a ser o maior presídio da América Latina e a abrigar mais de 8 mil detentos. Esse dia abre a canção com uma data: "São Paulo, 1º de outubro de 1992", e diz: "Você não sabe como é caminhar/ com a cabeça na mira de uma HK/ Metralhadora alemã ou de Israel/ Estraçalha ladrão que nem papel". Ali ocorreu o abominável Massacre do Carandiru, que o *rap* descreve, assim como relata a vida dos detentos – entre eles, os 111 assassinados por mais de cem homens da Polícia Militar, em 2 de outubro de 1992, a pretexto de debelar uma rebelião. Exatos dez anos depois do episódio, o complexo penitenciário foi parcialmente demolido, dando lugar a equipamentos culturais na Zona Norte da capital paulista. Esse *rap* é uma faixa do álbum *Sobrevivendo no inferno*, de 1997.

Todo negro é um detento, aprisionado pelas condições materiais, humilhado, lutando para não ter que cumprir o destino sombrio que o sistema racialista brasileiro escreveu para ele: nascer para servir, morrer para não atrapalhar.

Se a meritocracia reinasse por aqui, muitos racistas teriam que competir com uma multidão de pessoas muito melhores que eles, pessoas que foram barradas, já na largada, pelo preconceito e pelo racismo estrutural. Se o Brasil capitalista cumprisse ao menos uma das promessas da cartilha liberal, o problema racial seria hoje um problema menor na agenda cotidiana das pessoas negras.

É por isso que é preciso sair da fase dos diagnósticos. Temos que entrar no período de aplicação dos remédios. É como diz o professor Silvio Almeida em *Racismo estrutural*: (pág. 39): "(...) as instituições reproduzem as condições para o estabelecimento e a manutenção da ordem social. Desse modo, se é possível falar de um racismo institucional, significa que a imposição de regras e padrões racistas por parte da instituição é de alguma maneira vinculada à ordem social que ela visa resguardar. Assim, como a instituição tem sua atuação condicionada a uma estrutura social previamente existente – com todos os conflitos que lhe são inerentes –, o racismo que essa instituição venha a expressar é também parte dessa mesma estrutura. As instituições são apenas a materialização de uma estrutura social ou de um modo de socialização que tem o racismo como um de seus componentes orgânicos. Dito de modo mais direto: as instituições são racistas porque a sociedade é racista".

Muita gente intelectualmente desonesta usou a expressão proposta pelo professor Almeida como uma espécie de salvo-conduto para suas atitudes racistas. Empresas aprenderam a introduzir em seu léxico o racismo estrutural como algo com poder detergente. Ao menor sinal de problema de imagem ligado a casos de racismo, as empresas soltam notas revelando estar cientes do racismo estrutural, como se o racismo fosse uma doença que ataca a todos nós. Voltamos ao ponto inicial do racismo individualista aqui. Também se tornou comum a ladainha da representatividade como requisito único para que se cumpra uma agenda progressista. De fato, não se pode falar em avanço social sem contemplar as questões de representatividade, contudo não basta apenas que pessoas negras ocupem cargos de poder para que o racismo termine. Se o racismo for mesmo estrutural – e ele é –, pouco poder terá um indivíduo na engrenagem de uma empresa que é apenas uma engrenagem ainda menor desse sistema. O que importa é, então, que tipo de mentalidade racial está à frente das empresas.

Recentemente, ouvi de um vizinho, juiz de Direito, que, ao ler as obras da contemporaneidade, ele tinha entendido melhor o impacto do racismo brasileiro na produção do encarceramento, de modo que suas sentenças eram agora muito mais humanas. Perguntei a ele onde estava quando Racionais Mc's apresentaram "Diário de um detento". Prevendo onde eu queria chegar, ele admitiu que os tempos mudaram e que aquilo que ele considerava a voz de bandidos tinha se tornado agora a voz dos oprimidos.

É claro que não é verdade que romances contemporâneos transformaram a maneira como ele via os presos em seus quase vinte anos de magistratura. A questão é que os romances têm fornecido a ele e a tantas outras pessoas uma razão para a mudança de opinião que já circulava na sociedade. As ideias demoram a vingar, mas, quando vingam, nenhuma força repressiva pode pará-las. O problema é o que fazer com as opiniões que tínhamos no tempo em que as ideias não floresciam. Como esconder o manifesto anticotas que assinamos no passado? Como apagar da memória aquela vez em que presenteamos a coleguinha negra com um cacho de bananas? Onde comprar relações humanas negras para melhorar a diversidade étnica das fotos que postamos em nossas redes sociais?

Parece-me que as pessoas encontraram um caminho para se livrar disso: fazendo um mea-culpa em conjunto. É como se o Brasil tivesse ido dormir racista e acordasse inteiro antirracista. É mais fácil assim, embora isso não passe de uma fantasia. O adjetivo "estrutural" diz respeito à necessidade de aceitação de um imperativo lógico: se a sociedade é racista é porque somos racistas. E se a sociedade continua racista mesmo hoje, período em que nos consideramos antirracistas, é porque nossa transformação não passa de um espetáculo de cinismo e fantasia.

Uma pesquisa encomendada ao Instituto Datafolha, publicada em 3 de julho de 2022, indicou que 90% das pessoas acham que o professor deve debater discriminação racial em sala de aula. Isso contrasta com a minha experiência pessoal: sempre encontrei dificuldades para tratar dessa questão em sala de aula. Curiosamente, as dificuldades não vinham da direção das escolas, em geral bem conscientes e concordantes de que a igualdade racial deve ser um item muito importante no componente curricular. O problema vinha dos pais, que acreditam ser uma grande perda de tempo tratar de um tema desses. Eles pediam, imploravam, compeliam a escola a tratar de temas para eles mais importantes, como análise sintática e o mal-estar geral provocado pela abolição do trema na nova ortografia. Como professor, nunca vi nenhum impedimento em realizar as duas coisas: combater o racismo e pensar a ordem sintática das coisas, porque, afinal de contas, até mesmo para xingar os racistas é preciso não separar com virgula o sujeito e o predicado.

Todavia, entendo que essas reações fazem parte de um espetáculo de fumaça produzido para que seja possível obter um resultado desejado sem ter que deixar claras as intenções. Educados no útero de uma sociedade racista, os pais se veem comprometidos com a tarefa de transmitir tais valores aos filhos. No entanto, conscientes de que essa vocação autoimposta não pega muito bem nos dias atuais, eles tentam pelo menos garantir que a escola não crie um obstáculo contínuo às ideias supremacistas que muitos sugerem diariamente aos filhos, sob o manto do politicamente incorreto e da preservação de certas tradições familiares.

Nos últimos dezesseis anos, tenho me dedicado às atividades de docência no ensino básico e no ensino superior. Apesar dos obstáculos que a realidade social impõe, ainda hoje, quando olho para o passado, percebo que, se me fosse dada a possibilidade de voltar atrás em minha decisão de ser professor, eu recusaria tomar outro caminho. Nada dá mais esperança a alguém do que trabalhar no cultivo das flores do futuro.

O que dizem os números

Às vezes, nossa vontade de conservar o mundo que nos cerca acaba por turvar nossa capacidade crítica. Por essas e outras, prefiro dados que não dependam tanto da percepção dos entrevistados, informações que possam se basear em números coletados em fontes com menos variação opinativa. E eles são abundantes no Brasil, porque temos ótimos órgãos de pesquisa. O maior deles, o IBGE, Instituto Brasileiro de Geografia e Estatística, traz dados muito interessantes sobre como a sociedade brasileira achou um modo contemporâneo de perpetuar a escravidão negra. Observe atentamente os gráficos a seguir, extraídos do estudo-síntese "Desigualdades sociais por cor ou raça no Brasil", publicado em 2019:

Taxa de homicídios

IBGE, 2019

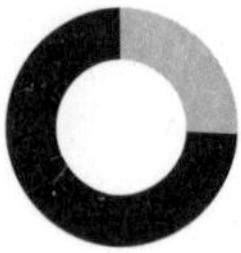

brancos
34,4 a cada 100 mil

pretos/pardos
98,5 a cada 100 mil

Cargos de gerência

IBGE, 2019

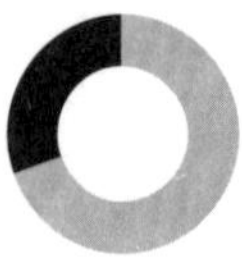

brancos
68,6 %

pretos/pardos
29,9%

Pessoas abaixo da linha da pobreza

IBGE, 2019

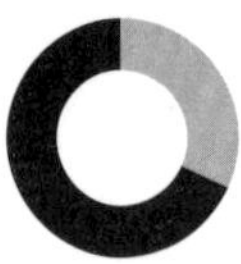

brancos
15,4 %

pretos/pardos
32,9%

Registros envolvendo episódios de violência

IBGE, 2019

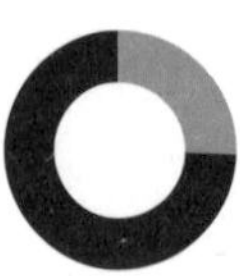

brancos
34,0 % das ocorrências registradas

pretos/pardos
98,5 % das ocorrências registradas

E já que estamos falando de números, estima-se que 10% dos indivíduos trazidos para serem escravizados no Brasil tenham morrido ainda durante o trajeto para cá. Seus corpos eram jogados ao mar, sem qualquer cerimônia. Por serem reconhecidos como mercadorias, hoje ficariam a cargo do setor de controle de perdas de alguma empresa escravocrata. Talvez alguns de meus pares pudessem sugerir um *compliance* para indicar alterações que levassem a um processo de escravização menos desumano e cruel. E, talvez, só talvez, esse grupo sugerisse que os senhores de escravos e seus mercadores assistissem a aulas, minicursos e dinâmicas de conscientização. Todavia, pode ser um bocado cético de minha parte, mas não acho que os antepassados dos escravocratas fossem capazes de aprender ontem o que três séculos depois seus herdeiros ainda não aprenderam. Mas isso não impede meus pares de continuar o ensinamento.

4
Um aviso e um avanço

Em 1933, o pensador afro-americano Woodson Carter, considerado por muitos "um dos pais da história negra nos Estados Unidos", escreveu em *A de-seducação do negro* (pág. 21): "(...) apesar de muita educação clássica dos negros, não encontramos na raça uma grande oferta de pensadores e filósofos. Uma desculpa é que a erudição entre os Negros foi corrompida pela necessidade de todos eles de combater a segregação e lutar para manter uma posição firme na luta das raças. Comparativamente, poucos negros americanos produziram literatura digna de crédito, e um número ainda menor fez alguma contribuição para a filosofia ou a ciência".

De lá para cá, as coisas mudaram substancialmente, fruto da intensa luta dos movimentos sociais. Hoje, temos uma robusta comunidade intelectual e uma caudalosa produção científica. E, nas letras, campo em que me especializei, lembro que temos Ann Petry, Ralph Ellison, Toni Morrison, James Baldwin, Alice Walker, Colson Whitehead, Gwendolyn Brooks, Langston Hughes, Maya Angelou, Richard Wright, Zora Neale Hurston, Ta-Nehisi Coates, Octavia Butler, Amiri Baraka, Paul Lawrence Dumbar, Cornel West, Jericho Brown, para ficar somente nos autores do país citado. Portanto, é elementar que a maioria das coisas de que Woodson fala esteja defasada. Hoje, o capitalismo atingiu um nível de eficiência que faz parecer ingênuos os cenários pintados por ele. O que sobrevive, entretanto, é a noção de que o negro ocupa um espaço diferenciado e que sua educação deve obedecer primeiramente ao imperativo do que significa ser um indivíduo negro no mundo.

É tradicional, em nossa comunidade negra, o discurso de que a escravidão foi, na verdade, o problema central do negro. Que todas as nossas mazelas são oriundas dessa chaga. Esta é meia-verdade. Examinar o passado com olhar crítico é sempre importante, contudo, o brasileiro médio se viciou em jogar para trás a parte ruim da sua própria natureza. Assim, ele vê no passado a fonte de todos os males. E em seu presente uma espécie interminável de potência. Repete-se à exaustação a ladainha de que no passado havia muito preconceito. E isso teria nos condenado a um atraso sem remédio. Desidratam o passado de sentido teórico, como se o tempo fosse uma força acéfala, comandada pela soma desordenada de instantes inacabáveis. Isso é feito para esconder que grande parte dos que se aliam alegremente na garganta, no gesto amável das participações antirracistas, são os primeiros a rejeitar qualquer atitude de mudança. Querem acabar com o racismo sem acabar com o sistema racista, que os favorece. Querem continuar ocupando o cargo de privilégio em universidades, partidos políticos, instituições públicas, empresas privadas, e promover a diversidade somente no chão das fábricas. Querem empretecer as arquibancadas e continuar a ocupar os lugares de poder, as instâncias de decisão.

A propósito da cena universitária, escrevi nas páginas iniciais de meu livro *Boca de conflito*, de 2019: "A tentação eugenista de medir o caráter das pessoas pela tonalidade de suas peles tem espaço garantido na configuração demográfica de nossas universidades. E isso parece ser mais grave no campo da esquerda. Falta-nos uma certa coragem intelectual e sobra-nos uma paixão renitente pelo conforto de poder olhar para a outra margem do rio e ver o mesmo problema, mas em escala ainda maior. É, afinal, da direita o nazismo, a intolerância bruta, o racismo explícito. Então, ainda que sejamos racistas como sociedade, rejeitamos a evidência de que somos indivíduos racistas. A grande presença de professores universitários brancos em coletâneas de artigos que, na época da implantação das ações sociais afirmativas no Brasil, pretendiam ser uma resistência àquilo que se convencionou chamar de 'tentativa de macaquear a questão racial americana', deixa claro que estaríamos dispostos a criar uma versão universitária de *Não somos racistas*" – livro lançado em 2006 pelo diretor de jornalismo da Rede Globo, Ali Kamel, crítico da política de cotas, que traz em sua capa o subtítulo: "Uma reação aos que querem nos transformar em nação bicolor". Continuando a crítica ao que chamei de "miopia sociológica" dos acadêmicos bem-intencionados, observei neste trecho que, nas mesmas instituições universitárias, "sobram funcionários negros nos precarizados postos de trabalho oriundos do processo de terceirização".

Qualquer um que tenha participado da militância política brasileira nas últimas duas décadas vai confirmar que as instâncias partidárias, mesmo em partidos políticos considerados de esquerda, são comandadas por pessoas brancas, cujos sobrenomes desfilam nos manuais de história. Evidentemente, são pessoas bem-intencionadas, mas de boas intenções um país racista está cheio.

O racismo não é apenas um sistema sociopolítico, ele é um surto psicótico, que só pode ser combatido com a transformação profunda dos ordenamentos jurídicos e dos equipamentos culturais de um país. E isso dói muito. Custa caro. E provoca um bocado de antipatia.

5
Em defesa dos iguais

Quando decidi apresentar esse livro na formatação que você agora tem em mãos, tentei me basear em uma evidência que me é muito familiar, mas que durante muito tempo ficou vagando dentro de mim sem nome: a de que todos os exercícios de violência aos quais meu corpo negro era submetido (ofensas, impedimentos, humilhações, cerceamentos e desprestígios) tinha algo a ver com um plano de caça. As coisas só ficaram evidentes quando cheguei a um autor chamado Abdias do Nascimento (1914-2011), o histórico criador do Teatro Experimental do Negro (TEM) e pioneiro, como parlamentar, na luta e na criação de leis pelos direitos civis e humanos das populações negras do país.

Segundo Abdias do Nascimento, a democracia racial é uma falácia destinada a sustentar a invisibilização dos privilégios brancos. Escreveu ele na página 66 de seu livro *O genocídio do negro brasileiro* (pág. 66): "Há ainda outra lenda justificadora da tese da democracia racial no Brasil: ela se localiza na mistificação da sobrevivência cultural africana. Este fundamental argumento se reveste de grave perigo, pois seu apelo tem sido sedutor e capaz de captar amplo e entusiástico suporte. Postula o mito que a sobrevivência de traços da cultura africana na sociedade brasileira teria sido o resultado de relações relaxadas e amigáveis entre senhores e escravos. Canções, danças, comidas, religiões, linguagem, de origem africana, presentes como elemento integral da cultura brasileira, seriam outros tantos comprovantes da ausência de preconceito e discriminação racial dos brasileiros 'brancos'".

A capacidade de teorização dos negros tem sido constantemente testada pelo aumento da sofisticação do sistema racial. Cada vez mais, temos que produzir análises mais profundas e capazes de explicar as complexidades do mundo. Felizmente, meu povo tem conseguido dar às novas gerações todas as novas ferramentas epistemológicas que a questão demanda. É nessa direção que resplandece o brilhante trabalho do professor Silvio Almeida. Em 2019, ele publica *Racismo estrutural*, um livro fundamental para qualquer um que deseje realizar um trabalho sério.

Na obra, Almeida descreveu cientificamente três tipos de racismo:

(1) individualista;

(2) institucional;

(3) estrutural.

Cada um desses conceitos dá conta de um tipo de entendimento específico sobre o tema. A concepção individualista pode ser percebida em nossas telenovelas. Nelas, o racismo é demonstrado como fruto de um desvio moral de um dos personagens – não por acaso o vilão –, que reúne outras dezenas de características igualmente reprováveis. Sua morte no último capítulo possibilita o nascimento de uma nova vida, sem males e, portanto, sem racismo para os demais personagens. Em certo sentido, é como se esse personagem renovasse o bode expiatório criado para limpar nossas culpas. Ao assistir a certas novelas de época que tenham como pano de fundo a escravidão, temos a sensação de que apenas o barão, o capitão do mato e o feitor são racistas. As demais pessoas obedecem ao imperativo racial apenas porque estão sob o jugo dos poderosos. Seriam todos tão vítimas quanto os escravizados.

Comentando esse tipo de roteiro novelesco, esclarece o professor Silvio Almeida em seu livro (pág. 36): "O racismo, segundo essa concepção, é concebido como uma espécie de 'patologia' ou anormalidade. Seria um fenômeno ético ou psicológico de caráter individual ou coletivo, atribuído a grupos isolados; ou ainda seria o racismo uma 'irracionalidade' a ser combatida no campo jurídico por meio da aplicação de sanções civis – indenizações, por exemplo – ou penais. Por isso, a concepção individualista pode não admitir a existência de 'racismo', mas somente de 'preconceito', a fim de ressaltar a natureza psicológica do fenômeno em detrimento de sua natureza política. (...) Por tratar-se de algo ligado ao comportamento, [veremos que] a educação e a conscientização sobre os males do racismo, bem como o estímulo a mudanças culturais, serão as principais formas de enfrentamento do problema".

A evolução dessa discussão na sociedade já colheu um fruto importante: o reconhecimento, ao menos de modo marginal, que o racismo é um elemento cultural e, como tal, independe da vontade individual das pessoas para operar. Ele se esconde nas entranhas da sociedade e encontra abrigo nas instituições construídas sob medida para mantê-lo.

Já a apresentação do segundo tipo está na página 39: "A concepção institucional significou um importante avanço teórico no que concerne ao estudo das relações raciais. Sob esta perspectiva, o racismo não se resume a comportamentos individuais, mas é tratado como o resultado do funcionamento das instituições, que passam a atuar em uma dinâmica que confere, ainda que indiretamente, desvantagens e privilégios com base na raça.(...) a principal tese dos que afirmam a existência de racismo institucional é que os conflitos raciais também são parte das instituições. Assim, a desigualdade racial é uma característica da sociedade, não apenas por causa da ação isolada de grupos ou de indivíduos racistas, mas fundamentalmente porque as instituições são hegemonizadas por determinados grupos raciais, que utilizam mecanismos institucionais para impor seus interesses políticos e econômicos".

O tamanho do desafio que se levanta cada vez que falamos em racismo não é apenas resultado de nosso desconforto ao nos deparar com espelhos sociais. A questão é que temos muitas dúvidas e muito medo do que pode acontecer se mudarmos a estrutura de nossa sociedade. A história de barbárie e medo que gostaríamos que não tivesse acontecido é a mesma que nos trouxe aqui. Para algumas pessoas, fica difícil compreender que a mudança pode ser positiva, porque isso exigiria delas uma compreensão maior do significado de sua própria cultura. Muito do que nos foi ensinado por pais negros e mães negras não teria sentido algum em um mundo verdadeiramente não racista. Muito do que foi ensinado a pessoas brancas seria igualmente inútil em um mundo no qual o racismo não fosse o epicentro da vida econômica.

A partir desse impasse, nasce um tipo específico de engajamento sociológico: o antirracista temporal. Esse tipo – que pode ser tanto branco quanto negro – se caracteriza por uma perspectiva de redenção temporal das condições sociais. Para ele, o racismo foi fruto de uma mentalidade atrasada e que tem data para terminar. Em seu mundo, os marcadores temporais passam a ter mais validade do que os acontecimentos e, por fim, do que a própria história, de modo que ele comemora constantemente as mesmas coisas como se fossem prenúncios de um novo tempo sempre a vir.

Um dos exemplos mais eloquentes disso ocorre no campo literário. Atualmente, comemora-se o *boom* editorial da autoria negra. Os negros, defendem os discípulos dessa miopia, estariam finalmente se apoderando dos instrumentos de escrita, aos quais não tiveram acesso durante séculos. Essa interpretação, que em princípio parece fazer coro às legítimas denúncias de como as privações de direito ao longo da história tendem a pender contra nós, negros, só precisa de um pouco de atenção para se apresentar como mais um capítulo em nossa história de apagamento.

Úrsula, o primeiro romance publicado por uma mulher em território brasileiro, data de 1859. A autora, a maranhense negra Maria Firmina dos Reis, era uma professora abolicionista, que, atualmente, muitos chamariam de "mulher à frente de seu tempo". Podemos garantir que esse foi o primeiro romance publicado, mas não podemos garantir que foi o primeiro escrito, pois há uma enorme diferença entre o que fazemos e o que é registrado. A história é um campo de disputas simbólicas, que realça aquilo que os poderosos da vez querem ver ressaltado, esmaece o que eles desejam obscurecer e apaga aquilo que ameaça a tranquilidade deles – os poderosos da vez.

Nossa literatura negra já apresentou ao Brasil Maria Firmina dos Reis, Machado de Assis, Cruz e Sousa, Oswaldo de Camargo, Auta de Sousa, Lima Barreto, Mario de Andrade. Entretanto, para o antirracista temporal, ela está a nascer. A cada prêmio literário concedido a um autor afro-brasileiro, ele comemora o surgimento dessa literatura que deve, segundo ele, reger os fundamentos estéticos do futuro. O ontem teria sido permeado de racismo. O que ele não conta é que foi justamente o racismo o que permitiu que seus pais tivessem o que têm e vivessem como vivem. Seus pais herdaram a máquina estrutural que permite a opressão dos negros. E jamais a desmontaram. Por aqui, muitos gostariam de acabar com o racismo, mas poucos apresentam disposição para mudar a chave do interruptor que apagaria as desigualdades raciais.

Esse teatro, aliás, é bastante antigo, como captou o jornalista e escritor Clovis Moura em *Sociologia do negro brasileiro* (pág.110): "Todo o racismo embutido na campanha abolicionista vem, então, à tona. Já não se trata mais de acabar com a escravidão, mas de enfatizar que os negros eram incapazes ou incapacitados para a nova etapa de desenvolvimento do país. Todos achavam que eles deviam ser substituídos pelo trabalhador branco, suas crenças deviam ser combatidas, pois não foram cristianizados suficientemente, enquanto o italiano e o alemão, e o espanhol, o português, ou outras nacionalidades europeias, viriam trazer não apenas o seu trabalho, mas a cultura ocidental, ligada histórica e socialmente às nossas tradições latinas. Alguns políticos tentam inclusive introduzir imigrantes que fugiam ao padrão europeu, como os chineses e africanos. A grita foi geral. Precisávamos melhorar o sangue, a raça. O problema não era apenas importar mão de obra, mas sim membros de uma raça mais nobre, ou melhor caucásica, branca, europeia e, por toda essas qualidades, superior. A ideologia do branqueamento permeia então o pensamento de toda a produção intelectual do Brasil e subordina ideologicamente as classes dominantes. Importar o negro, isso ficava fora de qualquer cogitação".

Tudo no Brasil vira protagonismo branco. Cresci ouvindo que a grande contribuição negra na história do Rio Grande do Sul se resumia ao **Massacre dos Porongos** 🔗 ▼.

🔗 MASSACRE DOS PORONGOS

A narrativa é do jornalista Leonardo Pujol, colaborador em Porto Alegre da BBC News Brasil. No segundo governo imperial do Brasil, durante o período regencial (1831-1840), eclodiu a maior e mais longa guerra civil da história do país: a Revolução Farroupilha, que durou de 1835 a 1845, movida pelos fazendeiros da elite gaúcha. Imprimindo à revolta caráter republicano e objetivos separatistas, os estancieiros recrutaram negros escravos para que lutassem ao seu lado em troca de sua sonhada liberdade. O grupo, que viria a ter papel de destaque na guerra, sendo temido pelas poderosas forças imperiais, tornou-se conhecido

como Lanceiros Negros, embora atuassem em maioria como infantes. A liberdade prometida pelos líderes da revolução não foi aceita pelo Império, o vencedor da luta. E o impasse acabou na Batalha de Porongos, cuja estratégia pretofóbica incluía desarmar a infantaria negra e aniquilar o batalhão de lanceiros. E assim decorreu o ataque de surpresa, na madrugada de 14 de novembro de 1844, ao acampamento dos lanceiros que dormia no Cerro dos Porongos, Chacinados estes, sobrou a infantaria, aprisionada e em grande número deportada para o Rio de Janeiro, onde aprovou-se uma lei determinando castigo de 200 a 1.000 chibatadas para os "traidores". Os sobreviventes continuaram escravizados.

Fonte: https://www.bbc.com/portuguese/brasil-55236674. Acesso em: 27 set 2022. (Nota dos editores)

Soldados negros que lutavam pelos revoltosos gaúchos haviam sido desarmados e "entregues à morte" pelo terrível Exército Brasileiro, sob o comando do não menos terrível Duque de Caxias. A emboscada teria contado com a ajuda do apalermado Davi Canabarro, um medíocre chefe de tropas dos farroupilhas, que pode ser responsabilizado por outras barbeiragens táticas. O papel do moderno movimento negro, diziam alguns, seria denunciar essa terrível infâmia. Durante muito tempo, acreditei nisso, da mesma forma como acreditava, quando criança, que o frentista era o dono do posto de combustível. Esse tempo também já passou, como atesta São Paulo na Primeira Carta aos Coríntios, 13:11, ao dizer: "Quando eu era menino, falava como menino, sentia como menino e pensava como menino. Agora, que me tornei homem, devo abandonar as coisas de menino".

Já é hora de abandonarmos a história do remorso. É preciso ***dizer não*** a esse convite nefasto para a celebração da constante perplexidade branca em relação ao que os próprios brancos fizeram. É hora de a comunidade negra pensar em si própria como protagonista, e não como coadjuvante. Não somos um passo errado. Não somos mácula. Não somos um erro histórico que mereça ser corrigido. Somos um povo que tem dado uma imensa contribuição a este país. Mas, mesmo quando éramos escravizados, tínhamos nossa história. A submissão e as tentativas de desumanização não nos desumanizaram. Sobrevivemos biológica e culturalmente. E já é tempo de a linguagem reconhecer esse fato. Por isso, não falo mais em traição aos Lanceiros Negros, porque essa é a perspectiva de quem traiu. Daqui por diante, falarei apenas da inacreditável resistência de guerreiros que, mesmo sem armas, se recusaram a abandonar seus princípios de liberdade. Gente que encarnou como nenhuma outra o ideal máximo de uma revolução. Gente que é coração do espírito gaúcho. Gente que fertilizou com seu sangue o chão que hoje nos dá o que comer. Não, não, não. Essa não é a história dos traidores. Essa é a história da honra, da coragem e da fé no nosso direito de autodeterminação.

O mesmo ocorre com a destruição do Quilombo dos Palmares em 1694: Zumbi foi morto e teve seu órgão sexual colocado em sua boca para servir como sinal de punição. A violência da dissolução de Palmares, sob fogo de canhões, é divulgada com muitos detalhes escatológicos (obscenos) e violentos, como lembrança do autoritarismo do império colonial português, como se isso nos favorecesse de algum modo. Não favorece. Essa história não é contada para humilhar os poderosos, mas para alertar constantemente que nossas revoltas terminam sempre com nossas casas arruinadas, nossos líderes mortos e nossas memórias profanadas.

Quando a branquitude se sente ameaçada, ela retoma, em novos formatos, velhos discursos de comando. Em 2020, em meio à chegada dos estilhaços ideológicos do *black lives matter*, inúmeros indivíduos brancos, imbuídos da premissa de que essa é uma causa de todos, utilizaram aqueles duros momentos em que revíamos, tal qual um filme de terror, a mesma história de violência policial e extermínio. Nas cenas, o comerciante foi morto em Staten Island, Nova York, por policiais que o asfixiavam à vista de todos, enquanto ele clamava: "Não consigo respirar". Em meu livro *Boca de conflito*, comento, na página 72: "Um acordo foi fechado entre a família Garner e a cidade de Nova York: 5,9 milhões de dólares foi o valor anunciado. É isso que custa uma vida negra quando eles se arrependem de tê-la tirado".

Falava-se que o Brasil tinha uma dívida com os negros. Notem: o Brasil, não os brancos. Procurava-se esconder na fumaça do sentimentalismo a verdade mínima dos fatos: de que a vida social dos negros não é mais difícil que a dos brancos por causa do ordenamento dos planetas ou de alguma determinação metafísica. A vida dos negros é mais difícil porque os brancos construíram um sistema sociopolítico sob medida para torná-la mais difícil que a deles. Em princípio, esse era um desdobramento lógico da necessidade que se tinha de mão de obra para a produção. Os brancos sabiam que não eram superiores; essa foi somente uma história contada para legitimar a escravidão, conforme já foi demonstrado nas páginas anteriores e em sua própria experiência de vida. No entanto, aos poucos, a mentira da superioridade branca foi se impondo, geração após geração, porque grandes espetáculos de prestidigitação fascinam até mesmo os assistentes de produção, que, como qualquer ser humano, estão sempre sedentos de magia e de realidades paralelas nas quais possam se sentir maiores do que realmente são.

Nesse sentido, é interessante lembrar o trabalho de uma teórica alemã chamada Elisabeth Noelle-Neumann, produzido em 1977. Ela descobriu algo muito interessante: as pessoas não dizem o que pensam para os outros quando acham que a opinião delas vai lhes trazer algum tipo de prejuízo, embaraço ou crítica. Quando percebem que suas opiniões são minoritárias, elas preferem mentir. É por isso que é errado fazer perguntas do tipo: "Você acha que tem racismo no Brasil?". Pouca gente está disposta a admitir isso. Se o racismo brasileiro fosse fruto de um predomínio social supremacista, a gente simplesmente teria um regime nazista. E se o Brasil não fosse o país racista que muita gente diz que não é, teríamos um país reconhecidamente diverso e etnicamente democrático, um lugar onde um livro como este que você está lendo agora não teria nem lugar nem sentido lógico.

Todavia, os apontamentos que tenho feito não são novos. A democracia racial é um antigo conto de carochinha produzido pelos opressores para ampliar os domínios de sua opressão. As escolas, o ordenamento jurídico e as instituições do Estado brasileiro trabalham sistematicamente para produzir em nós, negros, a sensação de que somos indesejados, mas toda vez que acusamos esse desconforto, recebemos descrédito e pedidos de parcimônia. Em nome do velho discurso de suposta defesa da identidade nacional, as elites exigem que fechemos nossos ouvidos às contribuições da negritude norte-americana, que teria interesse em destruir o DNA de nossa nação com objetivos escusos. A crítica racial seria uma importação dos americanos destinada a descaracterizar nossos valores.

Segundo a arguta observação do britânico David Brookshaw, que ensinou durante quatro décadas, literatura em língua portuguesa, na Universidade de Bristol, e se tornou mais recentemente tradutor de vários autores da lusofonia: "O conceito do 'homem cordial' elaborado por Sérgio Buarque de Holanda, e a ideia promovida por Gilberto Freyre de que a escravidão foi relativamente benigna no Brasil (o contraste é sempre feito com a América do Norte e, por extensão, com o suposto racismo brutal do mundo anglófono), contribuíram para o mito do Brasil como uma democracia racial, em que o negro aceitava a sua posição por ser 'cordial' por natureza.

Assim, o negro revoltado se tornou um elemento atípico e antibrasileiro. Não é coincidência que Gilberto Freyre tenha qualificado a literatura negra no Brasil como 'antibrasileira'. Mais tarde, esse conceito foi adotado pelo regime colonial em Portugal, para justificar sua permanência em África: o colonialismo português não era colonialismo!".

Esta declaração faz parte da entrevista de Brookshaw à revista cultural *Parêntese*, de Porto Alegre, publicada em 24 de abril de 2020, e suscitada pela recente popularização, no meio acadêmico do país, de seu o livro de 1983, *Raça & cor na literatura brasileira.*

Paradoxalmente, quanto mais o negro aceita se comportar como o colonialismo exige, menos valor se atribui a ele. Assim, não me admira que em certo sentido este aqui também seja um antilivro, porque procura destruir com argumentos e com vontade tudo aquilo que o racismo construiu. Apesar do volume das lutas, temos ainda forças para **dizer *não*** às versões do carrasco.

"O problema é que", afirma o professor Brookshaw na entrevista citada, "a suposta ausência de racismo no Brasil virou mito nacional, parte integrante do nacionalismo da elite: o Brasil como democracia racial é um mito a par do mito inglês do '*Fair Play*' (todos são tratados da mesma forma perante a lei) ou do americano '*American Dream*' (o sonho americano). O '*fair play*' britânico está longe da realidade e da experiência de jovens negros urbanos, que se veem submetidos diariamente a rusgas policiais nas grandes cidades inglesas. O 'sonho americano' está longe da realidade de refugiados latinos e africanos que se veem obrigados a atravessar a fronteira mexicana pelo Rio Grande clandestinamente para entrar nos Estados Unidos, refugiados de guerras criadas e orquestradas muitas vezes por sucessivos governos americanos".

Desejo realmente que minhas palavras não sejam confundidas com racismo reverso, discurso de ódio negro ou qualquer dessas fantasias da parte filofascista e desmiolada da sociedade brasileira. Tampouco me agradaria, dada a octanagem das minhas críticas, ser incluído no rol dos fiscais da militância alheia, como se a lenta dinâmica das transformações sociais autorizasse a quem quer que fosse fazer da chibata um meio de conscientizar as massas.

Nossa conversa está chegando ao fim, mas é justamente no fim que a história tende a ficar mais interessante.

Em 2019, escrevi em *Boca de conflito* (pág. 19): "Grande parte dos intelectuais brancos acredita que a vitória de Donald Trump sobre Hillary Clinton (em 2016) – e a de Jair Bolsonaro sobre Fernando Haddad (em 2018) – tem a ver com o que já se convencionou chamar de "uma *overdose* de políticas identitárias". Alguns argumentam que, na última década, os discursos das minorias teriam tornado a vida do norte-americano médio insuportável. O mesmo é dito sobre o imaginário nacional: as novelas, os beijos *gays* e os avanços sociais fizeram a sociedade brasileira mais liberal do que ela pode suportar. Seguindo esse raciocínio, as mulheres que sofrem violência física de seus maridos, de seus companheiros, de seus filhos, de seus namorados ou de seus parceiros devem baixar o tom de suas patrulhas. Ao presumir que todos os homens são estupradores, as feministas radicais prestam um desserviço à causa da mulher, irritando ainda mais os homens. Nós, os herdeiros das estruturas, os membros já iluminados da máquina de exploração criada por nossos avós, exigimos a colaboração das minorias na espera infinita pela melhor oportunidade para invadir a sede da fazenda".

Palavras finais

Este livro não se dirigiu aos racistas convictos, porque com eles já não há o que conversar. Esta é uma carta aos racistas distraídos. E aos que querem acordar do delírio das ilusões raciais hierarquizadas.

Não quis fazer aqui nenhuma denúncia sobre as condições desumanas a que os negros e as negras deste país são submetidos. Isso seria demasiado inútil, já que, a esta altura, você sabe bem como funcionam as coisas no Brasil. Este livro é somente um convite a você, branco ou negro, que deseja saber mais sobre o tema e que sabe que seu país precisa se tornar um lugar mais justo para todos os brasileiros, independentemente da cor que tenham. Nós, brasileiros e brasileiras, somos *experts* na arte de resistir; mas já está na hora de darmos um passo a frente, custe o que custar, na direção de uma vida plena.

"Eu sou filhote de **Lélia Gonzalez**" 🔗▼, anunciou certa vez a pensadora Sueli Carneiro. A resistência negra tem mesmo muitos filhos. E os filhos da resistência atual são os netos de Lélia, assim como Lélia foi um dia filhote da resistência de seus ancestrais. No Brasil do século XXI, estamos ganhando mais visibilidade, mas sabemos muito bem que as raízes são invisíveis, porque mesmo enterradas sustentam os troncos que carregam as folhas. Muita gente vê as folhas, mas é na raiz que está a origem. Por isso, a negritude deve ser sempre fiel ao compromisso da radicalidade, em toda a sua extensão.

🔗 LÉLIA GONZALEZ

Pioneira dos estudos sobre cultura negra no Brasil, Lélia Gonzalez (Belo Horizonte, 1º de fevereiro de 1935 – Rio de Janeiro, 10 de julho de 1994) foi intelectual, política, professora universitária e antropóloga. Autora de *Lugar de negro*, Marco Zero, 1982 (com o sociólogo argentino Carlos Hasenbalg) e *Festas populares no Brasil*, Index, 1987, seus escritos, permeados pelos cenários da ditadura política e da emergência dos movimentos sociais, revelam constante preocupação em articular as lutas mais amplas da sociedade com a demanda dos negros e, em especial, das mulheres

negras. Produziu *papers*, comunicações, seminários, artigos e panfletos político-sociais, alguns deles reunidos em livros, como *Primavera para as rosas negras*, publicado pela União dos Coletivos Pan-Africanistas (UCPA) em 2018. Participou da criação do Instituto de Pesquisas das Culturas Negras (IPCN-RJ), do Movimento Negro Unificado, do Nzinga Coletivo de Mulheres Negras-RJ e do Olodum-BA, entre outras frentes.

Fontes: Geledés (https://www.geledes.org.br/lelia-gonzales/) & LiterAfro (http://www.letras.ufmg.br/literafro/ensaistas/1204-lelia-gonzalez). Acesso em: 28 set 2022. (Nota dos editores)

Penso agora em Silvana Carneiro Bastos, Sonia Silva, Edna Azevedo, Julio Cesar Silva, Sonia Silva, Edson Talaier, Vilmar Silva, Balbina Azevedo, Maria Afonso, Ricardo Dutra, Ilma Azevedo da Silva, Álvaro Ornélio Afonso, Lacy Silva da Silva, Sergio Bastos, Lucas Azevedo. Esses são nomes talvez desconhecidos do público, mas muito caros para mim. Eles são desprovidos de fama, porém, nem por isso são poupados de combater a batalha que expus nestas páginas. Essas pessoas não publicam livros. Algumas já nem podem sentir o cheiro mágico que o alho exala durante o preparo de uma feijoada de sábado. Elas não escrevem livros. Elas não aparecem em *talk shows*, mas levam adiante em suas peles e com sua memória o testemunho da vida negra eternidade afora. Quando lavam as roupas, quando arrumam as camas, quando tiram o mofo das superfícies difíceis, quando fazem bolos, quando suam, quando contam como foi o dia de hoje e como era o dia de ontem, elas constroem uma ponte entre aquilo que nós somos e aquilo que queremos nos tornar como comunidade.

Coloquei todos aqui porque gostaria de incentivar você a fazer o mesmo. Faça uma lista de pessoas negras que importam para você e que não são contempladas nos discursos de empoderamento e potência. Nessa folha em branco, você não precisa colocar ninguém por pressão de ONG ou por delicadeza política. Escreva apenas quem são as pessoas negras que moldaram sua vida. Depois, lembre-se de seus gestos, do que fazem, de como faziam. Relembre suas histórias engraçadas, o formato de suas gengivas, suas manias, suas lições. Esse é seu patrimônio, pessoa negra. Essa é sua herança. E ela não é menor do que qualquer casa, barco ou diamante conquistado com a exploração do trabalho dos outros. Ela é inteiramente sua, pessoa preta.

Durante muito tempo ficamos reféns da ideia de que a história era formada por grandes seres destinados a fazê-la. No momento em que escrevo este último parágrafo, estou convencido de que mais importante do que procurar nossos vultos históricos – e lamentar a ausência de nossa gente preta neles – é celebrar a presença de seus frutos. Cada pessoa negra – famosa ou não – é o argumento vivo de que vencemos. O Brasil é o país da cor. E essa cor é bem escura.

Saber mais

PARA PENSAR NO QUE CONVERSAMOS

ELLISON, Ralph. *Homem Invisível.* Rio de Janeiro: José Olympio, 2020.

Escrito em 1952, este romance, um dos prediletos do ex-presidente americano Barack Obama, conta a história de um homem que percebe ser invisível simplesmente porque as pessoas se recusam a ver quem ele realmente é. No livro, é possível notar como o racismo corrói a identidade humana. Ellison constitui, ao lado de Toni Morrison e James Baldwin, o trio de nomes mais importantes da literatura norte-americana.

RIBEIRO, Djamila. *Lugar de fala.* São Paulo: Jandaíra, 2020.

A autora é a ponta mais visível da revolução intelectual negra ocorrida na última década. Este livro aborda a necessidade de compreender as implicações de nossa perspectiva na construção de nossa visão de mundo. Por vezes, acreditamos pensar algo e esquecemos que o lugar em que nascemos e a época em que vivemos são fatores que condicionam nosso olhar sobre as coisas. Não podemos evitar isso, mas devemos estar sempre vigilantes para não tomar como pensamento científico aquilo que é somente fruto de nossas ilusões antropológicas.

ALMEIDA, Silvio. *Racismo estrutural.* São Paulo: Jandaíra, 2020.

Esta obra disserta sobre três tipos de racismo: o institucional, o individual e o estrutural. Cada um a seu modo vai construindo a identidade social que temos hoje no Brasil. Na conclusão do professor Silvio Almeida – com a qual concordo integralmente –, é preciso entender que o racismo é um elemento central que estrutura toda a vida social brasileira.

MAIS REFERÊNCIAS

ABREU, Caio Fernando. *Morangos mofados*. São Paulo: Brasiliense, 1982.

ADORNO, Theodor & HORKHEIMER, Max. *Dialética do esclarecimento*. Rio de Janeiro: Zahar, 2006.

ANDRADE, Carlos Drummond de. *Alguma poesia*. São Paulo: Companhia das Letras, 2013

ANDRADE, Carlos Drummond de. Poema: "No meio do caminho", primeira publicação em livro: *Alguma poesia* (1930). (Ouvir o poema na voz do poeta em: https://www.letras.mus.br/carlos-drummond-de-andrade/807509/). Acesso em: 29 set 2022.

AZEVEDO, Luiz Mauricio. *Boca de conflito*. Universidade brasileira, racismo & Marx. Porto Alegre: Figura de Linguagem, 2019.

BASTOS, Fernanda. *Dessa cor.* Porto Alegre: Figura de Linguagem, 2018.

BAUDRILLARD, Jean. *Transparência do mal.* Campinas: Papirus, 1999.

BROOKSHAW, David. *Raça & cor na literatura brasileira*. Porto Alegre: Mercado Aberto, 1983.

BROOKSHAW, David. "A suposta ausência de racismo no Brasil virou mito nacional", entrevista, revista *Parêntese*, n. 143, 24 abril 2020. Disponível em: https://www.matinaljornalismo.com.br/parentese/david-brookshaw-a-suposta-ausencia-de-racismo-no-brasil-virou-mito-nacional/. Acesso em 27 set 2022

BRASIL. IBGE. "Desigualdades Sociais por Raça ou cor no Brasil", 2019. Disponível em: https://www.ibge.gov.br/estatisticas/sociais/populacao/25844-desigualdades-sociais-por-cor-ou-raca.html?edicao=25845&t=sobre

CÉSAIRE, Aimé. *Discurso sobre a negritude*. Belo Horizonte: Nandyala, 2010.

DATAFOLHA, Instituto. Pesquisa "Educação Valores e Direitos", Estudo encomendado por Centro de Estudos e Pesquisas em Educação, Cultura e Ação Comunitária (Cenpec) e Ação Educativa, realizado entre 8 e 15 de março de 2022, em 130 municípios brasileiros. (Disponível em: https://www1.folha.uol.com.br/educacao/2022/07/datafolha-90-querem-que-professores-discutam-discriminacao-racial.shtml). Acesso em: 23 set 2022.

EAGLETON, Terry. *Ideologia*. São Paulo: Boitempo, 1997.

FOLEY, Barbara. *Wrestling with the left: the making of Ralph Ellison´s Invisible Man*. Durham: Duke University, 2010.

FOUCAULT, Michel. *A arqueologia do saber*. Rio de Janeiro: Forense, 2010.

GRAMSCI, Antonio. C*oncepção dialética da história*. 3ª ed. Rio de Janeiro: Civilização Brasileira, 1978.

GOMES, Laurentino. *Escravidão*. Vol. 1. Rio de Janeiro: Globo livros, 2019.

GOMES, Laurentino. *Escravidão*. Vol, 2. Rio de Janeiro: Globo livros, 2021.

KELLEY, Robin. *Freedom Dreams*. Boston: Houghton Mifflin, 2003.

KILOMBA, Grada. *Memórias da plantação*. Rio de Janeiro: Cobogó, 2019.

MARABLE, Manning. *Malcom X: Uma vida de reinvenções*. São Paulo: Companhia das Letras, 2013.

MOURA, Clóvis. *Sociologia do negro brasileiro*. São Paulo: Perspectiva, 2019.

NASCIMENTO, Abdias do. O genocídio do negro brasileiro. Processo de um racismo mascarado; São Paulo: Perspectiva, 2016.

SANTANA, Bianca. *Continuo preta. A vida de Sueli Carneiro*. São Paulo: Companhia das Letras, 2021.

SILVA, Juremir Machado. *História regional da infâmia*. Porto Alegre: L&PM, 2010.

WOODSON, Carter. *A des-educação do negro*. São Paulo: Companhia das Letras, 2021.

FILMES

Corra

2017, EUA, direção: Jordan Peele

Um rapaz viaja para conhecer os pais de sua namorada. As dificuldades comuns de um relacionamento interracial ganham contornos de horror nesta obra-prima do cinema contemporâneo.

Faça a coisa certa
1989, EUA, direção: Spike Lee

A partir da rotina de uma pequena pizzaria do bairro do Brooklyn, Spike Lee traz uma dolorosa reflexão sobre a difícil relação entre brancos e negros na Nova York da década de 1980. Este é um filme sobre racismo, mas é também um filme grandiloquente sobre apropriação cultural, gentrificação e lealdade.

Branco sai, preto fica
2014, BR, direção: Adirley Queirós

O longa conta a história de dois homens negros que faziam parte de um grupo de dança na juventude e costumavam frequentar um baile de *black music* em Brasília nos anos 1980. Acompanhamos o dia a dia dos personagens de Marquim da Tropa e Shockito enquanto relembram a noite em que policiais invadiram o baile e os feriram gravemente a tiros. Em meio a lembranças, num estilo documental, há ainda o *plot* do personagem vivido por Dilmar Durães, um viajante vindo do futuro, cuja missão é investigar o crime ocorrido naquela noite e provar a culpa do Estado brasileiro.

SÉRIE DE TV

Todo mundo odeia o Chris
2005, EUA, CBS

Esta série traz a infância e a adolescência do comediante, ator, roteirista, produtor, dublador e cineasta Chris Rock, escrita por ele mesmo. Trata-se de uma incrível viagem estética por temas universais típicos do processo de amadurecimento de um ser humano, aqui esmiuçados sob a ácida perspectiva de um dos maiores talentos da cultura pop americana.

MÚSICAS

MARLEY, Bob. "Redemption Song". Bob Marley & The Wailers. (Vídeo oficial com desenho animado e tradução da letra em: https://www.youtube.com/watch?v=yv5xon-FSC4c). Acesso em: 23 set 2022.

RACIONAIS Mc's. Álbum *Sobrevivendo no inferno*, Cosa Nostra Fonográfica, 1997. Canção "Diário de um detento", com Mano Brown. (Disponível em; https://www.youtube.com/watch?v=dGFxdmuDA4A). Acesso em: 30 set 2011.

RACIONAIS Mc's. Álbum *Nada como um dia após o outro dia*. Racionais Mc's. Produtora Boogie Naipe, 2002. Canção: "Negro drama", Edi Rock & Mano Brown (letra completa disponível em: https://www.vagalume.com.br/racionais-mcs/negro-drama.html. Vídeo original com o grupo em: https://www.youtube.com/watch?v=3pTzAo-FnMQ). Acesso em 30 set 2022.

VELOSO, Caetano & GIL, Gilberto. Álbum *Tropicália 2* (LP/CD). Polygram, 1993. Canção "Haiti", (letra completa em: https://www.vagalume.com.br/caetano-veloso/haiti.html. Vídeo de 2012, da Universal Music, com Caetano Veloso cantando, disponível em: https://www.youtube.com/watch?v=MfAxBoxdlb.). Acesso em: 30 set 2022).

Sobre o autor

Quando eu era criança, as pessoas me chamavam em casa de Manabu, graças à minha obsessão pela série *Jiraya, o incrível ninja*. Eu via TV o tempo todo. Tanto que, certa vez, minha mãe foi chamada à escola porque eu havia escolhido Laura Palmer – a personagem central da série de TV *Twin Peaks* – como uma pessoa muito importante na minha vida.

Bem, eu vivia em um mundo de fantasia, porque minha vida era emocionalmente dolorosa. Mais tarde, fazendo terapia, descobri que o nome disso é escapismo. Então, acho que passei minha vida toda tentando escapar da minha tendência a fugir das coisas. Nesse meio-tempo, eu me formei em Letras na Pontifícia Universidade Católica do Rio Grande do Sul (PUCRS). E fiz mestrado em Comunicação, na Famecos, a Escola de Comunicação, Artes e Design da mesma universidade. Tenho também um doutorado em Teoria e História Literária, pela

Universidade Estadual de Campinas (Unicamp) – e, por causa dele, passei quatro anos estudando a obra do escritor, crítico literário e acadêmico Ralph Ellison, um autor que todo mundo deveria conhecer, de tão bom que é.

Hoje, dou aulas de língua portuguesa, literatura, pesquiso sobre racismo e literatura na Universidade de São Paulo e já escrevi sobre esse tema para jornais como *Correio do Povo, Zero Hora e Folha de S. Paulo*. Às vezes, coisas minhas aparecem também em revistas, como a *Cult* e a *Elle*, mas é bem mais raro. Quando não estou escrevendo, estou trabalhando como editor de livros na editora Figura de Linguagem.

Sou vegetariano e moro em Porto Alegre, com a Fernanda Bastos, o coração das minhas vontades. Ah, de vez em quando assisto *Jiraya, o incrível ninja*, porque a vida é muito curta para a gente não fazer o que gosta.

Um abraço para quem leu este livro inteiro. E outro para você, que começou pelo final.

Instagram: @luizmauricioazevedo

COLEÇÃO
INQUIETAÇÕES CONTEMPORÂNEAS

Idealização da coleção
Helena Maria Alves

Direção editorial
Mirian Paglia Costa

Coordenação editorial
Maria Ângela Silveira de Souza

Direção da coleção
Diego Pautasso

Coordenação da coleção
Caio Riter

Preparação, Revisão & Notas
Pagliacosta Editorial

Projeto gráfico, Capa e Diagramação
Juliana Dischke

Impresso no Brasil
Printed in Brazil

Formato – 12 X 18 cm
Mancha – 7,9 X 14,9 cm
Tipologia – Britannic e Minion
Páginas – 112